KB071612

경계선 지능 아동 · 청소년을 위한

느린 학습자
인지훈련 프로그램 ③

언어적 사고력 · 수학적 사고력

박현숙 저

학지사

이 책은 경계선 지적 기능 아동·청소년의 인지기능과 기초학습 능력 증진, 사회성 발달을 위한 매뉴얼이다. 『정신장애 진단 및 통계편람(제4판)』(DSM-IV)에 따르면 경계선 지적 기능은 'IQ 71~84에 해당하며 지속적인 관심을 가지고 주의해야 할 발달장애군'이다. 경계선 지적 기능은 임상적인 도움을 필요로 하지만 지적 장애에는 포함되지 않는 V코드에 해당하여 장애로 분류되지는 않는다.

지능의 정규분포곡선에 따르면 경계선 지적 기능의 출현율은 전체 인구의 13.59%에 해당하지만, 장애로 분류되지 않기 때문에 이에 대한 관심이 매우 적어 관련된 연구와 정책 마련이 미비하다. 그러나 교육현장과 양육시설, 지역아동센터 등의 기관, 심지어 일반 가정 내에서도 경계선 지적 기능 아동·청소년 양육과 교육에 대해 어려움을 호소하는 것을 쉽게 볼 수 있다. 이러한 어려움에 대한 호소 중에서 가장 큰 것은 관련 정보에 대한 접근이 어렵고 대상아동에 특화된 프로그램의 부재로 인해 개입이 힘들다는 점이다. 관련 정보에 대한 접근이 쉽지 않은 이유는 높은 출현율에도 불구하고 경계선 지적 기능이 장애로 분류되지 않아 실행 연구가 드물고 알려진 정보도 매우 적기 때문이다. 연구나 교육을 통해 알려진 정보가 적기 때문에 대상에 특화된 프로그램을 구성할 수 없고, 도움을 필요로 하는 대상이 산적해 있음에도 조기개입과 적절한 개입이 매우 어렵다. 이에 저자는 경계선 지적 기능 아동·청소년에 특화된 인지·학습 능력 증진을 위한 매뉴얼을 제작했다.

경계선 지적 기능 아동·청소년의 인지기능과 학업 능력의 증진을 위한 『느린 학습자 인지훈련 프로그램』에서 다루고 있는 기술은 작업기억, 기억력, 행동억제, 집행력, 청각적 주의력과 시각적 주의력, 언어적 사고력, 수학적 사고력이다. 이 프로그램은 각 기술 요소를 개선하는 데 필요한 활동을 포함하고 있으며 지적 기능의 경계선 수준부터 활용 가능하도록 수준별로 제작하여 대상 아동·청소년의 지적 수준과 흥미에 따라 적합한 난이도의 활동지를 선택적으로 사용할 수 있다. 또한 각 기관이나 가정의 상황, 아동·청소년의 특성에 따라 내용을 재구조화하거나 필요한 부분만을 선별하여 활용할 수도 있다. 예를 들어, 시각적 주의력의 저하로 인해 학습효과가 낮을 경우 이 부분을 먼저 집중적으로 훈련할 수 있다.

이 프로그램을 통해서 경계선 지적 기능 아동·청소년이 인지적으로 뒤처지지 않고, 효율적인 학습을 위한 바탕이 마련되어 학교와 일상에서 보다 적응적인 생활을 영위하기를 기원한다.

2021년 1월
박현숙

서론

1. 경계선 지적 기능의 정의

　미국의 지적발달 장애협의회(formerly called the American Association on Mental Retardation: AAIDD-11)의 매뉴얼에 따르면, 경계선 지적 기능을 가진 사람들은 지적 장애의 진단 기준보다는 높지만 평균에는 미치지 못하는 지능지수를 가지고, 지적 장애를 가진 사람들과 유사한 사회적 어려움을 경험하는 사람들을 말한다. 『정신장애 진단 및 통계 편람(제5판)[Diagnostic and Statistical Manual of Mental Disorders(5th ed.): DSM-5]』에서는 경계선 지적 기능을 '임상적인 관심을 요하는 별도의 조건들'에 해당하는 V코드로 분류했다. DSM-5에서는 경계선 지적 기능과 지적 장애를 구분하기 위해서 지적 기능과 적응 기능 간의 불균형에 대해 주의 깊은 평가를 해야 한다고 명시되어 있다. 국제질병 분류(International Classification of Diseases: ICD-10)에서도 지적 기능과 적응행동에 대한 평가를 포함해서 지적 장애의 기준을 설명할 수 있어야 한다고 설명한다.

　대부분의 연구에서 경계선 지적 기능을 가진 사람들이 겪는 공통적인 어려움을 언급하고 있다. 적응행동에 심각한 문제를 가지고 있지만 지능지수가 장애 기준에 부합되지 않기 때문에 지적 장애에 해당하는 도움이나 서비스를 받을 수 없다는 점을 우려하면서 주의 깊은 선별을 권하고 있다. 경계선 지적 기능의 지능지수 범주에 해당하는 점수를 가진 사람 모두가 적응행동의 문제로 도움을 필요로 하는 것은 아니다. 그러나 이러한 범주의 사람이 가진 특성에 대한 연구는 이들이 보다 사회적응적으로 살아가는 데 도움이 될 것이다. 최근까지도 경계선 지적 기능에 대한 인식이 많이 부족해서, 이에 해당하는 사람들의 특성을 어떻게 다루어야 할지 알려 줄 만한 합의된 정의나 규정이 없는 실정이다. 이 때문에 앞서 설명한 매뉴얼과 선행연구를 종합했을 때 경계선 지적 기능을 가진 아동·청소년은 '지적 장애에 해당하지는 않지만 평균지능에 미치지 못하는 지능을 가지면서, 일상생활과 학교생활에서 부적응하여 도움을 필요로 하는 아동·청소년'이라고 할 수 있다.

2. 경계선 지적 기능의 특성

1) 인지적 특성

경계선 지적 기능은 인지적 기능 면에서 특징적이다. Show(2008)에 따르면 경계선 지적 기능의 인지적 특성은 다섯 가지로 나눌 수 있다.

첫째, 경계선 지적 기능에 해당하는 아동은 구체적인 방법으로 정보를 제시할 때 더 잘 수행한다. 추상적인 개념을 배우기 어려워하며, 자신의 삶과 동떨어진 사실에 대해 학습할 때 더 힘들어한다.

둘째, 배운 정보, 기술, 책략 등을 다른 곳에 전환하거나 일반화해서 사용하지 못한다. 내용에 따라 잘 배울 수 있는 부분도 있지만 배운 개념을 다른 상황에 전환하거나 새로운 상황이 되었을 때 적용하기가 어렵다.

셋째, 새로운 정보를 얻었을 때에는 동화와 조절을 통해 잘 분류하여 기억하고, 필요할 때 회상해서 적절히 활용할 수 있어야 한다. 그런데 새로운 정보를 얻는다 해도 이전에 획득했던 정보에 동화시키기 어려워하고, 기억창고에 저장도 잘 되지 않으며, 저장된다 하더라도 적절한 때에 그 정보를 회상하지 못해서 효율적으로 사용할 수 없다.

넷째, 또래만큼의 학업적 기술 수준을 유지하는 데 더 많은 시간과 반복적인 연습이 필요하다.

다섯째, 거듭되는 실패로 인해 자아존중감이 낮고, 학업적 동기유발에 결함이 있을 수 있다.

경계선 지적 기능의 기억 과정을 살펴보면 그들의 인지적 특성을 보다 명확하게 알 수 있다. 단기기억, 작업기억, 장기기억 체계의 효율성이 떨어진다는 것이 경계선 지적 기능의 대표적인 인지적 특성이다. 이들이 주로 사용하는 기억 방법은 기계적인 암기다. 기계적 암기는 기억해야 할 내용을 논리적으로 이해하지 않아도 지식을 받아들여 암송하거나 쓰는 등의 방법을 통해 암기하는 기억 방법으로, 경계선 지적 기능 아동·청소년이 흔히 사용한다. 또 집중에 방해되는 자극이 생겼을 때 너무 민감하게 반응하고 산만해져 기억을 위한 정보처리 과정에 부정적인 영향을 끼치기도 한다. 이해가 잘 안되거나 추상적인 소재에 대한 수행을 해야 할 때 이러한 특징은 더 명확히 드러난다.

2) 학업적 특성

효율적인 방법을 이용해서 경우에 따라 꽤 긴 시간 동안 지속해야 하는 학습에서는 풀어야 할 문제를 인식하고 이해하는 능력뿐만 아니라 계획과 이 과정을 통제하는 것, 이전에 정했던 목표와 일치하는지의 여부를 확인하는 것도 중요하다. 기억 과정에서는 자신의 능력에 대한 인식과 인지기능 과정에서의 자신의 강점과 약점을 파악할 수 있어야 한다. 또 배운 것이나 경험한 내용을 언제 이용하고 어떻게 조직화해야 하는지, 주어진 문제를 풀 때 필요한 능력의 다양한 종류를 점검하는 방법인 상위 인지를 위한 집행력을 발휘할 수 있어야 한다.

경계선 지적 기능 아동·청소년은 정보를 수초 동안만 의식 속에 유지해 두는 청각적 단기기억이 필요한 과제에서 또래와 비교해 수행이 저조할 수 있다. 이 때문에 듣고 쓰는 받아쓰기나 읽고 이해한 후 답을 쓰는 시험이나 과제, 수업에서 자주 실패한다.

작업기억은 정보들을 의식 속에 일시적으로 보유하면서, 각종 인지적 과정을 계획하고 순서 지으며 실제로 처리하는 과정을 의미한다. 경계선 지적 기능 아동·청소년은 작업기억에 결함이 있는 경우가 많은데, 이로 인해 주의집중에 어려움을 겪는다. 하나의 과제에 집중하는 시간이 짧고 방해자극이 있을 때 이를 무시할 수 있는 능력까지 적어서 산만함이 더 커진다. 결과적으로 수업에 집중하기 어려워할 수 있으며 문제를 풀거나 수업을 듣는 과정에서 과잉활동이 심한 경우도 있다. 이러한 것들은 학습의 질에 직·간접적인 영향을 미쳐서 경계선 지적 기능 아동·청소년이 읽기, 쓰기, 수학과 같은 기본적인 학업적 기술을 이해하고 익히는 데 시간이 많이 걸리거나 어려움을 겪게 한다.

3. 경계선 지적 기능 아동·청소년을 위한 개입

1) 인지발달을 촉진하기 위한 개입

경계선 지적 기능을 가진 아동·청소년에게 별도의 관심을 주지 않거나 개입을 하지 않고 방치할 경우, 나이가 들면서 지능지수가 더 낮아진다고 주장하는 연구들이 있다. 경계선 지적 기능은 평균 지능의 범주와 지적 장애에 해당하는 지능의 범주 사이에 위치하므로 지능지수가 조금만 하락해도 지적 장애에 이를 수 있다. Najma(2012)와 Sangeeta(2009)의 연구에 따르면 경계선 지적 기능 아동을 대상으로 학업적 개입이나 사고력 증진을 위한 프로그램을 실시하면 인지 기능과 언어 능력 등에서 유의한 긍정적 변화를 기대할 수 있다고 한다. 특히 인지 능력과 학습 능력에 크게 영향을 미치는 주의력이나 암기력은 적절한 개입을 통해 개선될 수 있다. 또한 학습한 내용을 활용하는 데 필요한 예측, 조직화, 일반화하는 능력도 훈련 여부에 따라 보다 발전된 형태로 기능할 수 있다. 경계선 지적 기능이 지적 장애 수준의 지능으로 악화되는 것을 막고, 보다 적응적인 삶을 사는 데 필요한 인지기술의 발달을 도모하기 위해서는 경계선 지적 기능이라는 특성에 맞으면서 개별 욕구를 충분히 반영할 수 있는 인지발달 증진 프로그램이나 훈련을 지속적으로 제공해야 한다.

2) 학업적 개입

경계선 지적 기능 아동·청소년은 해당 학년의 학업성취도 기준에 도달하기가 매우 어렵다는 특성을 지니고 있다. 그러나 적절한 지도와 보살핌이 있다면 교육이 가능하다. 학습 속도가 느리고 효율성 면에서 결함을 가지고 있기 때문에 충분한 시간을 주고 반복해서 연습할 수 있도록 도와주면, 비록 느리지만 어느 정도의 학업적 성공을 경험할 수 있다. 특히 제 학년에서의 학업적 성취경험은 경계선 지적 기능 아동·청소년의 심리적 특성이나 사회성 증진에도 긍정적 영향을 미치기 때문에 보다 체계적이고 개별적인 학업적 개입이 필요하다. 학습과정은 정보를 습득하고 저장하여 필요할 때 인출하는 인지적 과정의 반복이므로 학습에 필요한 인지기능이 부진할 경우 이를 보완하여 학습에 방해가 될 만한 인지기능의 결함을 제거 또는 완화시키는 것이 중요하다. 또한 학습은 개선된 인지기능을 더 잘 사용할 수 있도록 반복 훈련하는 과정이다. 즉, 학습과정이 인지기능의 발달을 촉진할 기회를 반복적으로 제공함으로써 지능의 하락을 방지하며, 인지기능의 발달로 인해 더 효율적인 학습이 가능해지는 선순환의 구조를 가진다. 학습이 지능의 악화를 예방하고, 학습에서의 성공경험이 경계선 지적 기능 아동·청소년의 심리적 욕구를 충족시킬 수 있기 때문에 학업적 개입을 위한 프로그램을 선정하여 지속적인 개입을 했을 때 더 큰 효과를 거둘 수 있다.

3) 인지·학습적 개입을 위한 프로그램의 적용

앞서 살펴본 바와 같이 경계선 지적 기능은 학습과 사회 적응에 필요한 인지기능의 속도와 효율성 저하가 그 특징이라고 볼 수 있다. 그러므로 경계선 지적 기능을 가진 아동·청소년의 취약하거나 결핍된 인지기능을 찾아 이를 개선할 수 있는 개별화된 인지기능 향상 프로그램을 적용하는 것이 중요하다.

취약하거나 결핍된 인지기능을 찾기 위해서는 경계선 지적 기능을 가진 아동·청소년을 관찰하거나 지능검사를 활용할 수 있다. 기관이나 학교에서 아동의 학습이나 적응 상태 등을 면밀히 관찰하여 주로 문제가 되는 특성을 살피고, 표준화된 지능검사의 결과를 참고하여 취약한 인지기능을 찾아 보완해야 한다.

이 프로그램에서는 작업기억, 기억력, 행동억제, 집행력, 청각적 주의력, 시각적 주의력, 언어적 사고력, 수학적 사고력으로 나누어 활동을 제시했다. 각 활동이 특정 소단원에 묶였다고 해서 해당 활동이 하나의 인지기능만을 강화시키는 활동이라고 볼 수는 없다. 한 활동이 작업기억과 집행력, 언어적 사고력을 동시에 향상시키지만 중점적으로 키워 줄 수 있는 인지기능이 해당 영역에 포함되기 때문에 배치된 경우가 대부분이기 때문이다. 이 점을 고려하여 경계선 지적 기능 아동·청소년에게 활동을 제시해야 한다.

4. 지능검사상의 인지기능과 경계선 지적 기능

표준화된 지능검사인 웩슬러 아동용 지능검사(WISC-IV)에서 측정하는 인지기능의 영역과 그 영역에서 결함이 있을 때 경계선 지적 기능을 가진 아동·청소년이 보이는 특성은 다음과 같다.

1) 언어 이해/공통성
(1) 측정 영역
공통적인 사물이나 개념을 나타내는 두 개의 낱말을 듣고, 두 낱말이 어떻게 유사한지를 말하는 소검사다. 언어적 추론 능력, 언어적 개념형성 능력, 언어적 문제해결 능력, 문화적 및 학습적으로 축적된 지식의 유무 및 양, 알아들을 수 있는 언어 수준과 알고 있어서 표현할 줄 아는 언어의 수준을 측정한다. 들은 내용을 이해하는 정도와 잘 기억하고 있는지, 언어적으로 얼마나 잘 표현해 낼 수 있는지 측정한다고 볼 수 있다.

(2) 이 영역에서 경계선 지적 기능을 가진 아동의 특성
특정 그림을 보거나 낱말을 듣고 관련된 생각을 떠올리는 능력이 부족한 경우 취약한 영역이다. 생각이 떠올랐다 해도 적절한 언어로 표현하여 상대에게 전달하는 능력이 부족한 경우에도 이 영역이 영향을 받을 수 있다. 사물이나 개념에서 더 중요하고 기본적인 특성들을 찾아내지 못하는 경향이 있어서 지엽적인 단서만으로 문제나 상황을 판단하여 어려움을 겪을 수 있다.

(3) 측정 영역의 개선을 위한 이 프로그램의 소단원
이 프로그램의 청각적 주의력, 언어적 사고력과 집행력의 활동을 이용해서 지도할 수 있다.

2) 언어 이해/어휘
(1) 측정 영역
제시된 그림의 이름을 말하거나 낱말에 대해 적절히 설명하는 소검사다. 언어적 추론 능력, 언어적 개념형성 능력, 언어적 문제해결 능력, 문화적 및 학습적으로 축적된 지식의 유무 및 양, 알 아들을 수 있는 언어 수준과 알고 있어서 표현할 줄 아는 언어의 수준을 측정한다. 들은 내용을 이해하는 정도와 잘 기억하고 있는지, 언어적으로 얼마나 잘 표현해 낼 수 있는지를 측정한다고 볼 수 있다.

(2) 이 영역에서 경계선 지적 기능을 가진 아동의 특성

공통성과 유사하게 특정 장면이나 낱말, 상황이 제시됐을 때 관련된 생각을 떠올리는 능력이 어느 정도인지를 나타낸다. 양육환경이 열악해서 교육적 자극이 적었다는 등의 환경적 이유나 교육적 자극은 풍부했지만 인지적 미성숙으로 인해 축적된 지식이 적었는지를 살펴보고 적절히 개입할 수 있어야 한다. 경계선 지적 기능을 가진 경우, 장기기억에 저장되는 낱말의 양이 적고, 저장된다 하더라도 필요할 때 회상해 내는 능력이 부족할 수 있으며, 회상한 내용에 대한 설명력의 부족으로 이 영역에서의 어려움이 있다.

(3) 측정 영역의 개선을 위한 이 프로그램의 소단원

이 프로그램에서는 집행력, 언어적 사고력의 활동을 이용해서 지도할 수 있다.

3) 언어 이해/이해
(1) 측정 영역

사회적 상황에 대한 이해와 일반적인 원칙을 잘 파악하고 있는지를 알아보기 위한 소검사다. 언어적 개념의 형성 정도, 언어적 이해와 표현, 과거 경험에 대해 평가해서 현재의 상황에 참고할 수 있는 능력, 읽고 이해해서 언어적으로 문제를 해결하거나 실제 상황에서 언어적 지식을 발휘할 수 있는지, 사회적 판단력과 성숙도, 상식을 측정한다.

(2) 이 영역에서 경계선 지적 기능을 가진 아동의 특성

경계선 지적 기능을 가진 아동이 특히 취약할 수 있는 부분이다. 이 부분에 결함이 있을 경우, 사회적 상황에 대한 이해나 판단이 부족해서 가정이나 학교 등 일상적 생활에서 생기는 대인관계의 갈등을 원만히 해결하지 못할 수 있다. 사회적 갈등 상황이나 문제해결 상황에서 우유부단하거나 회피 또는 미숙한 결정으로 어려움을 겪기 때문에 예견되는 반복적인 문제를 어떻게 해결해야 할지 미리 계획을 세우고 확인해 주는 체계적인 도움이 필요할 것이다.

(3) 측정 영역의 개선을 위한 이 프로그램의 소단원

이 프로그램에서는 기억력, 집행력, 언어적 사고력의 활동을 이용해서 지도할 수 있다.

4) 언어 이해/상식

(1) 측정 영역

광범위한 주제의 일반적 지식을 포함하는 질문에 대답하는 소검사다. 사실에 기초하면서 일반적으로 잘 알려져 있는 지식을 획득, 보유, 필요할 때 기억해 내는 능력을 측정한다. 장기기억의 효율성을 측정하는데, 이때 주제에 대한 언어적 표현, 청각적 정보처리 능력과 이해를 잘 하는지 알아볼 수 있다.

(2) 이 영역에서 경계선 지적 기능을 가진 아동의 특성

경계선 지적 기능을 가진 아동·청소년은 평균적인 지능을 가진 또래에 비해 주어진 경험을 통해 축적되는 지식의 양이나 질이 낮아서 많은 양의 경험이나 독서량이 있다고 해도 실제로 쌓이는 지식량이 적을 수 있다. 되도록이면 교과서를 비롯한 읽기자료(만화책이어도 읽을 수 있는 자료는 중요함)를 자주 보는 습관을 들여야 하며, 읽은 내용에 대해 대화하는 등의 방법으로 지식을 쌓을 수 있도록 도와야 한다.

(3) 측정 영역의 개선을 위한 이 프로그램의 소단원

이 프로그램에서는 작업기억, 기억력, 집행력, 언어적 사고력의 활동을 이용해서 지도할 수 있다.

5) 지각추론/토막짜기

(1) 측정 영역

흰색과 빨간색으로 나뉘어 칠한 정육면체를 사용하여 제시된 모형이나 그림과 똑같은 모양을 만드는 소검사다. 언어적인 개념이 아니라 비언어적인 그림을 보고 추론을 해야 하며, 시각과 운동의 협응이 잘 되고 있는지, 시각적 자극을 관찰하면서 주요 장면과 주변적 장면을 분리해 내는 능력을 측정한다.

(2) 이 영역에서 경계선 지적 기능을 가진 아동의 특성

경계선 지적 기능을 가진 경우 구체적인 조작 이외에 머릿속에서의 조작을 통해 주어진 자극을 분석하여 적절히 처리하는 능력에 결함이 있을 수 있다. 예측을 하거나 "만일 ~라면 어떻게 될까?"라는 가정에서 시작되는 사고가 원활치 않다. 이로 인해 주어진 단서를 가지고 상황을 예측할 때, 중요한 정보와 상대적으로 덜 중요한 정보를 구분하지 못하거나 주어진 단서를 잘 활용하지 못해서 수행이나 문제해결력이 떨어질 수 있다. 일상생활에서부터 예측하고 실행해 보는 경험을 자주 제공할 필요가 있겠다.

(3) 측정 영역의 개선을 위한 이 프로그램의 소단원

이 프로그램에서는 작업기억, 집행력, 수학적 사고력의 활동을 이용해서 지도할 수 있다.

6) 지각추론/공통그림찾기

(1) 측정 영역

두 줄 또는 세 줄로 이루어진 그림들을 제시한 후에 이 그림과 공통된 특성을 가진 그림을 각 줄에서 한 가지씩 고르는 소검사다. 공통된 특성을 언어로 머릿속에 떠올릴 수 있는지와 사물이나 개념을 범주별로 묶어서 사고할 수 있는지의 여부를 측정한다.

(2) 이 영역에서 경계선 지적 기능을 가진 아동의 특성

경계선 지적 기능을 가진 아동·청소년은 일련의 상황이나 단서들을 보고 공통된 사항을 빨리 찾아내지 못하는 특성을 가지고 있다. 이로 인해 수행의 속도나 효율성이 떨어지며, 일을 처리하는 과정이나 학습에서 답답함을 유발한다. 공통된 규칙을 찾았을 때 더 많은 일이나 학습량을 자동화된 방식으로 잘 처리할 수 있는데, 그 규칙을 찾기까지가 어려울 수 있다. 프로그램을 통한 활동지에서의 규칙찾기도 중요하지만 일상생활에서 반복되는 행동이나 학습방법에서 규칙을 찾아보는 연습을 꾸준히 하는 것이 좋다.

(3) 측정 영역의 개선을 위한 이 프로그램의 소단원

이 프로그램에서는 작업기억, 집행력, 수학적 사고력의 활동을 이용해서 지도할 수 있다.

7) 지각추론/행렬추리

(1) 측정 영역

일정한 규칙에 따라 배열된 그림들을 보고 각 그림 간의 논리적 관련성을 파악하는 정도를 측정하는 소검사다. 시각적 정보를 변별하면서 주의 깊게 탐색할 수 있는지, 충동적으로 답하지 않고 유혹자극을 잘 변별해 낼 수 있는지, 언어가 아닌 그림 등의 자극에서 일정 규칙을 찾아내서 예측할 수 있는지, 정보를 머릿속에 띄우고 집중해서 사고할 수 있는지 그 능력과 속도를 살펴본다.

(2) 이 영역에서 경계선 지적 기능을 가진 아동의 특성

경계선 지적 기능을 가진 아동·청소년은 주어진 자극이 서로 어떻게 관련되어 있는지를 파악하고 그 내용을 변별하고 탐색하여 문제해결을 위해 필요한 정보를 생각해 내는 능력에 결함이 있을 수 있다. 꾸준히 일상생활이나 학습과정에서의 상황을 순서에 맞게 말로 표현하는 연습을 시켜야 한다.

(3) 측정 영역의 개선을 위한 이 프로그램의 소단원

이 프로그램에서는 작업기억, 행동억제, 집행력의 활동을 이용해서 지도할 수 있다.

8) 지각추론/빠진 곳 찾기

(1) 측정 영역

제시된 그림을 보고 제한 시간 내에 그 그림에서 빠져 있는 중요한 부분을 가리키거나 말하는 소검사다. 그림 등의 시각적 정보를 봤을 때 관련된 개념을 정확하고 빠르게 떠올릴 수 있는지, 전체와 부분의 관계를 파악하고 있는지, 시각적인 자극에 대해 주의를 잘 유지할 수 있는지를 측정한다.

(2) 이 영역에서 경계선 지적 기능을 가진 아동의 특성

경계선 지적 기능을 가진 아동·청소년은 오감을 통해 얻은 자극, 즉 정보들을 기억하고 구별해서 필요한 처리를 하는 과정에 문제가 있을 수 있다. 전체를 본 기억은 떠올릴 수 있지만, 부분으로 나뉘어 있을 때에는 관련지어 생각하기 어려워한다. 시각적 자극에 대해 자세한 탐색을 하지 않고 흘깃 보는 경우가 많기 때문에 자세히 보는 습관이 필요하다. 여러 방면에서 상황이나 정보를 탐색할 수 있도록 단서를 제시하여 회상하도록 하는 과정을 훈련할 필요가 있다.

(3) 측정 영역의 개선을 위한 이 프로그램의 소단원

이 프로그램에서는 작업기억, 행동억제, 집행력의 활동을 이용해서 지도할 수 있다.

9) 작업기억/숫자

(1) 측정 영역

검사자가 불러 주는 숫자를 듣고 그대로 따라 하거나, 거꾸로 따라서 암송하는 소검사다. 청각적으로 들은 정보를 단기적으로 머릿속에 띄워 놓고 정해진 규칙에 따라 암송하여 처리하고 있는지 측정한다. 청각적 주의력을 측정하며 정보를 머릿속에 띄워 놓고 처리하는 작업기억, 숫자에 대한 인식, 바로 따라 하기에서 거꾸로 따라 하기로 전환됐을 때의 정신적 처리의 융통성과 순발력을 측정한다.

(2) 이 영역에서 경계선 지적 기능을 가진 아동의 특성

경계선 지적 기능을 가진 아동·청소년이 이 영역에서 낮은 점수를 보일 때에는 들은 내용에 대한 기억이나 정보처리 능력이 부족할 수 있다. 이 능력의 부족은 학교에서 수업을 듣는 과정에 문제를 일으킬 수 있으며, 타인과 대화하거나 지시를 듣고 따르기에 어려움을 겪을 수도 있다. 들은 내용에 대해 단기적으로 처리하거나 혹은 장기기억으로 넘겨 저장하는 연습을 꾸준히 해야 한다.

(3) 측정 영역의 개선을 위한 이 프로그램의 소단원

이 프로그램에서는 작업기억, 행동억제, 청각적 주의력, 수학적 사고력의 이동을 활용해서 지도할 수 있다.

10) 작업기억/순차연결

(1) 측정 영역

연속되는 숫자와 글자를 섞어서 읽어 주고, 숫자가 커지는 순서와 한글의 가나다순으로 정렬해서 암송해 보게 하는 소검사다. 입력된 정보를 일정한 규칙에 따라 순서화할 수 있는지, 들은 정보를 머릿속에 띄워 놓을 수 있는지, 입력된 정보를 머릿속에 띄우고 목적에 맞게 짧은 시간 안에 적절히 처리해 낼 수 있는지를 측정한다.

(2) 이 영역에서 경계선 지적 기능을 가진 아동의 특성

시간이나 원인 및 결과에 따라 순서화하고 계획을 세울 수 있는 능력이 부족할 때 낮을 수 있다. 들은 내용을 일시적으로 머릿속에 담아 두고 적절하게 처리할 수 있어야 학습도 가능하고 타인과의 대화나 훈육도 가능하다. 이에 대한 능력이 부족하면 말을 하고 있는 사람 입장에서는 경계선 지적 기능을 가진 사람이 한 귀로 듣고 한 귀로 흘리는 듯한 느낌을 받는다. 정확히 들었는지 확인이 필요하므로 말한 내용을 자주 확인하고 들은 내용에 대해 표현하는 경험을 자주 가져야 한다.

(3) 측정 영역의 개선을 위한 이 프로그램의 소단원

이 프로그램에서는 작업기억, 행동억제, 청각적 주의력의 이동을 활용해서 지도할 수 있다.

11) 처리속도/기호쓰기

(1) 측정 영역

간단한 기하학적 모양이나 숫자에 대응하는 기호를 규칙으로 정하고, 이를 기억해서 해당 모양이나 숫자를 기호로 옮겨 적는 소검사다. 규칙을 단기기억 속에 띄워 놓고 새로 제시되는 모양이나 숫자를 기호로 옮겨 적어야 하기 때문에 단기기억, 시각적인 그림들을 변별하고 탐색하는 능력, 눈으로 본 것을 손으로 그려 낼 수 있는 협응, 과제에 대한 지속력이나 집중력, 과제에 대한 동기 유지 능력을 측정한다.

(2) 이 영역에서 경계선 지적 기능을 가진 아동의 특성

소근육 발달이 인지기능의 발달과도 관련이 있다. 인지기능이 원활하면 사고 과정의 속도나 효율성이 좋고 미세한 근육과의 협응 능력도 좋아 정교한 소근육 사용이 가능하지만, 경계선 지적 기능을 가졌을 경우에는 그렇지 못한 경우가 많다. 특히 쓰기 문제가 있을 수 있으며, 정보를 일시적으로 머릿속에 띄우고 규칙에 대한 기억을 유지하여 문제를 해결하는 능력이 부족할 수 있다. 단시간에 특정 상황이나 개념을 기억해서 처리하는 연습이 필요하다.

(3) 측정 영역의 개선을 위한 이 프로그램의 소단원

이 프로그램에서는 작업기억, 집행력, 시각적 주의력, 언어적 사고력의 활동을 이용해서 지도할 수 있다.

12) 처리속도/동형찾기

(1) 측정 영역

제시된 표적 모양이 보기에 나온 그림 중에 있는지의 여부를 표시하는 소검사로 제한시간이 있다. 시각적인 정보를 처리하고 그것이 쓰는 행동까지 이어지는 능력, 단기적으로 규칙을 머릿속에 띄울 수 있는 능력, 유사한 자극이 있을 때 융통성 있게 처리할 수 있는 능력, 시각적 정보를 처리하는 동안의 주의집중력, 시각적 정보의 변별 능력을 측정한다.

(2) 이 영역에서 경계선 지적 기능을 가진 아동의 특성

기호쓰기와 마찬가지로 정보를 일시적으로 머릿속에 띄우고 규칙에 대한 기억을 유지해서 문제를 해결하는 능력을 측정한다. 경계선 지적 기능을 가진 아동과 청소년은 정보의 유입과 처리가 동시에 되지 않아서 유입된 정보를 흘리고 문제를 해결하지 못하는 경우가 잦을 수 있다. 따라서 판단이나 결정 과정에서 속도나 효과성을 증진시키는 연습이 필요하다. 이 능력의 결함은 학습과도 연관될 수 있어서 읽고 쓰기나 듣고 쓰기, 보고 쓰기, 지필 시험 등에 영향을 미칠 수 있다.

(3) 측정 영역의 개선을 위한 이 프로그램의 소단원

이 프로그램에서는 작업기억, 집행력, 시각적 주의력, 수학적 사고력의 활동을 이용해서 지도할 수 있다.

■ 참고문헌

American Psychiatric Association (1994). *The Diagnostic and statistical manual of mental disorders* (4th ed.). Arlington, VA: Author.

American Psychiatric Association (2013). *The Diagnostic and Statistical Manual of mental disorders* (5th ed.). Arlington, VA: Author.

Najma, I., Rehman, G., & Hanif, R. (2012). Effect of Academic Interventions on the Developmental Skills of Slow Learners. *Pakistan Journal of Psychological Research, 27*(1), 135-151.

Sangeeta, M. (2009). Effect of intervention training on mental abilities of slow learners. *International Journal of Science Education, 1*(1), 61-64.

차례

① 언어적 사고력

차례

② 수학적 사고력

느린 학습자 인지훈련 프로그램 ❸

언어적 사고력 ·
수학적 사고력

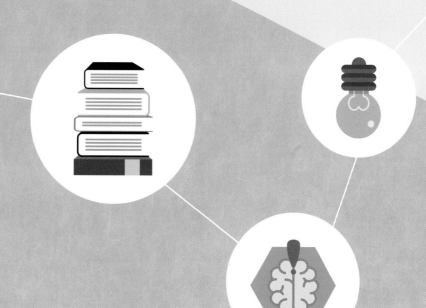

언어적 사고력이란

언어 능력은 학교에서 핵심적인 역할을 한다. 이것은 주요 과목에서 더 분명하다. 읽기와 쓰기가 중요하지만 이 두 가지 기술은 부차적인 기술이란 것을 잊지 말아야 한다. 말로 자신을 표현하고, 들은 것을 이해하는 능력이 아동에게는 더 중요하다. 학교를 졸업하고 나면 경계선 지적 기능을 가진 아동·청소년은 읽기와 쓰기를 덜 사용하겠지만, 다른 사람과 소통할 때는 언어를 일상적으로 사용해야 한다. 아동의 언어 능력을 키우기 위해서는 다양한 낱말과 문장으로 말하는 능력이 필요하다. 또한 사고와 언어 사이에는 본질적인 연관이 있음을 기억해야 한다. 낱말을 더 잘 사용하는 능력은 효과적으로 사고를 한다는 것이며, 경험에 대한 이해가 늘어나고 있다는 것은 낱말이 확장된다는 것을 의미한다. 요약하면, 언어는 정신적인 성장에서 매우 중요한 역할을 한다.

경계선 지적 기능 아동·청소년의 언어적 사고력 발달

경계선 지적 기능을 가진 아동·청소년은 학령기에 충분한 언어 발달이 이루어지지 않는다. 이해력과 언어 사용의 발달이 지연되거나 장애를 가지고 있다는 게 이들의 주된 어려움이다.

조음에 심각한 결함을 보이는 경계선 지적 기능의 아이들도 있다. 이들은 사용하는 낱말이 적고, 간단한 문장만을 사용하는 경우도 있다. 또한 낱말 찾기와 낱말 조합하기를 어려워한다. 말보다는 몸짓이나 동작으로 표현하곤 한다. 경계선 지적 기능 아동·청소년은 놀이를 통한 많은 언어자극과 성인의 이야기를 듣고 이야기를 나누는 경험이 필요하다. 연령이 높은 아동들은 무엇을 말해야 할지 몰라서 어려워하거나, 무엇을 말해야 하는지 알지만 말하는 방법을 찾기 어려워하는 경우도 있다. 주된 약점 중의 하나는 한정된 낱말이다. 낱말이 부족하거나 필요할 때 그 말을 기억해 내지 못해서 머뭇거리고, 말하는 것에 대해 반복하거나 겉돌게 된다.

경계선 지적 기능의 아동·청소년은 생각을 논리적으로 표현할 수 없다. 경계선 지적 기능 아동·청소년의 표현에는 순서, 사건의 앞뒤, 선택성이 부족하다. 이들의 표현에서 흔히 발견되는 약점은 말하기 위해서 무엇을 선택해야 하는지 알지 못한다는 것이다. 또한, 경계선 지적 기능의 아동·청소년은 다른 품사들을 덜 사용한다. 문장의 대부분을 '그리고'와 '그래서'로 연결한다. 접속사, 형용사, 부사도 사용하지 않는다. 전치사나 대명사와 같은 낱말들을 사용할 때도 혼동한다. 물론 어법에서도 실수가 잦다. 경계선 지적 기능 아동·청소년의 환경은 이와 같은 것들이 흔하고 일반적이라는 언어적 특성을 보인다. 학교 밖에서 경계선 지적 기능 아동·청소년이 듣는 것과 학교에서 듣는 내용이 다를 수 있기 때문에 교정하기 어렵다.

마지막으로 언어가 의사소통과 관련되며, 의사소통에는 말하는 것은 물론 듣는 것도 포함된다는 것을 기억해야 한다. 경계선 지적 기능 아동·청소년은 메시지를 잘 기억하지 못해서 수업이나 일상생활에서의 대화, 누군가가 말한 내용을 잘 듣고 정확히 기억해 내지 못하는 경향이 있다.

경계선 지적 기능 아동·청소년의 언어적 사고력과 읽기의 관계

읽기는 말하기와 쓰기 및 철자를 포함하는 언어 발달의 통합 프로그램이라는 측면으로 봐야 한다. 읽기 기술을 발달시키려면 경계선 지적 기능 아동·청소년의 말하기, 중요한 낱말 이해가 읽기 전에 선행되어야 한다. 아동이 읽는 낱말은 항상 아동이 이해하고, 사용하고 있는 경험과 언어를 기반으로 해야 한다. 경험 수준을 벗어나는 읽기 내용은 경계선 지적 기능 아동·청소년의 흥미를 끌기 어렵고, 어렵다고 느껴지면 쉽게 지루해하고 중도에 포기해 버리곤 한다. 경계선 지적 기능 아동·청소년이 '읽기는 정보를 얻을 수 있고 즐겁기도 하며 나에게 도움이 되는 유용한 기술'이라고 생각하고, 정보의 바다로 가는 열쇠이며 읽기를 통해 지식을 넓힐 수 있다고 생각해야 한다.

읽기는 언어를 개선하고 발달시키는 역할을 하므로 고립된 하나의 기술로 생각하지 말고 통합적으로 접근해 나가야 할 것이다.

이러한 언어발달의 지연이 언어를 기반으로 발달되는 낱말이해력, 문장이해력, 사고력, 이해력, 읽기 등 여러 학습 능력을 저하시킬 수 있으므로 단계적인 기초 언어 및 사고력 연습을 통해 낱말 인식, 이해를 위한 읽기 능력의 향상을 기대할 수 있다.

활동 목표

1. 낱말을 더 많이 다양하게 잘 사용하는 능력을 키운다.
2. 문장과 단락을 읽고 적절히 사고할 줄 안다.
3. 일상생활에서의 경험을 이해하고 필요한 언어적 표현을 할 수 있다.
4. 읽거나 들으면서 사고하여 빠르게 정보를 처리할 수 있다.

① 언어적 사고력

끝말잇기

📋 다음 □ 안에 들어갈 수 있는 말을 보기에서 모두 골라 봅시다.

의자 ⇨ 자동차 ⇨ 차도 ⇨ □

〈보기〉
도마, 차표, 도둑, 도라지, 도서관, 동물

📋 다음 □ 안에 들어갈 수 있는 말을 보기에서 모두 골라 봅시다.

지진 ⇨ 진주 ⇨ □ ⇨ 소금

〈보기〉
주유소, 주소, 주말, 시소, 미소, 주사

📋 다음 □ 안에 들어갈 수 있는 말을 보기에서 골라 봅시다.

사자 ⇨ □ ⇨ 거미 ⇨ 미장원

〈보기〉
자전거, 자라, 자연, 자유, 수거, 정거장

📋 다음 □ 안에 들어갈 수 있는 말을 보기에서 모두 골라 봅시다.

□ ⇨ 이쑤시개 ⇨ 개미 ⇨ 미술

〈보기〉
이불, 모이, 놀이, 색종이, 이름, 마술

첫 글자와 같은 낱말 찾기

📋 다음 낱말들이 어떻게 이어지는지 살펴보고, □ 안에 들어갈 수 있는 말을 찾아서 적어 봅시다.

자동차 ⇨ 자명종 ⇨ 자두 ⇨ [　　　　　]

📋 다음 낱말들이 어떻게 이어지는지 살펴보고, □ 안에 들어갈 수 있는 말을 찾아서 적어 봅시다.

이불 ⇨ 이사 ⇨ 이름 ⇨ [　　　　　]

📋 다음 낱말들이 어떻게 이어지는지 살펴보고, □ 안에 들어갈 수 있는 말을 찾아서 적어 봅시다.

가마 ⇨ 가수 ⇨ 가마니 ⇨ [　　　　　]

📋 다음 낱말들이 어떻게 이어지는지 살펴보고, □ 안에 들어갈 수 있는 말을 찾아서 적어 봅시다.

마차 ⇨ 마술 ⇨ 마그마 ⇨ [　　　　　]

📋 다음 낱말들이 어떻게 이어지는지 살펴보고, □ 안에 들어갈 수 있는 말을 찾아서 적어 봅시다.

사슴 ⇨ 사람 ⇨ 사회자 ⇨ [　　　　　]

규칙에 적합한 낱말 찾기 1

❶ 언어적 사고력

📋 다음 낱말들이 어떻게 이어지는지 살펴보고, ☐ 안에 들어갈 수 있는 말을 찾아서 적어 봅시다.

자명종 ⇨ 종이 ⇨ 이사 ⇨ ☐ ⇨ ☐

📋 다음 낱말들이 어떻게 이어지는지 살펴보고, ☐ 안에 들어갈 수 있는 말을 찾아서 적어 봅시다.

비누 ⇨ 비행기 ⇨ 비상구 ⇨ ☐ ⇨ ☐

📋 다음 낱말들이 어떻게 이어지는지 살펴보고, ☐ 안에 들어갈 수 있는 말을 찾아서 적어 봅시다.

치과 ⇨ 과일 ⇨ 일기 ⇨ ☐ ⇨ ☐

📋 다음 낱말들이 어떻게 이어지는지 살펴보고, ☐ 안에 들어갈 수 있는 말을 찾아서 적어 봅시다.

정거장 ⇨ 정수기 ⇨ 정상 ⇨ ☐ ⇨ ☐

📋 다음 낱말들이 어떻게 이어지는지 살펴보고, ☐ 안에 들어갈 수 있는 말을 찾아서 적어 봅시다.

자연 ⇨ 연구 ⇨ 구역 ⇨ ☐ ⇨ ☐

규칙에 적합한 낱말 찾기 2

📋 다음 낱말들이 어떻게 이어지는지 살펴보고, ☐ 안에 들어갈 수 있는 말을 찾아서 적어 봅시다.

미술관 ⇨ 관계 ⇨ 계단 ⇨ ☐ ⇨ ☐

📋 다음 낱말들이 어떻게 이어지는지 살펴보고, ☐ 안에 들어갈 수 있는 말을 찾아서 적어 봅시다.

전화 ⇨ 화장품 ⇨ 품앗이 ⇨ ☐ ⇨ ☐

📋 다음 낱말들이 어떻게 이어지는지 살펴보고, ☐ 안에 들어갈 수 있는 말을 찾아서 적어 봅시다.

장수 ⇨ 장갑 ⇨ 장정 ⇨ ☐ ⇨ ☐

📋 다음 낱말들이 어떻게 이어지는지 살펴보고, ☐ 안에 들어갈 수 있는 말을 찾아서 적어 봅시다.

나비 ⇨ 나이테 ⇨ 나방 ⇨ ☐ ⇨ ☐

📋 다음 낱말들이 어떻게 이어지는지 살펴보고, ☐ 안에 들어갈 수 있는 말을 찾아서 적어 봅시다.

필기 ⇨ 기자 ⇨ 자유 ⇨ ☐ ⇨ ☐

📋 셀 때 어떤 말을 써야 할지 생각해 보고, 보기에서 골라서 단위에 맞게 물건의 개수를
적어 봅시다.

〈보기〉
그루, 마리, 벌, 권, 채, 대, 자루, 켤레, 포기

책 (　　　3권　　　)

나무 (　　　　　　　)

동물 (　　　　　　　)

옷 (　　　　　　　)

자동차 (　　　　　　　)

배추 (　　　　　　　)

연필 (　　　　　　　)

집 (　　　　　　　)

운동화 (　　　　　　　)

단위에 대한 낱말 익히기 2

📋 다음 문장을 읽으면서 □에 적합한 단위를 보기에서 찾아 적어 봅시다.

┌─────────── 〈보기〉 ───────────┐
마리, 권, 켤레, 대, 채, 권, 포기, 자루, 벌
└─────────────────────────────┘

1) 나는 백화점에 가서 운동화 한 ☐ 와 옷 세 ☐ 을 샀다.

2) 우리 집에서는 이번 겨울에 배추 삼십 ☐ 로 김장을 할 예정이다.

3) 문방구에서 연필 세 ☐ 와 공책 두 ☐ 을 사왔다.

4) 그 마을에는 열 ☐ 의 집이 있다.

5) 우리 학교의 2학년 학생 모두는 열다섯 ☐ 의 관광버스에 나눠 탔다.

6) 그 농장에서는 젖소 일곱 ☐ 와 염소 스무 ☐ 를 키우고 있었다.

📋 다음 제시된 낱말을 이용하여 낱말을 맞추어 봅시다.

		↓				
→				↓		
						↓
		→				
	↓					
→			→			
	↓			↓		
		→				
→						

→가지, 키위, 사탕, 경찰차, 우체통, 피자

↓지우개, 가위, 구급차, 사과, 감자, 우유

낱말 익히기 2

📋 다음 제시된 글자들로 만들 수 있는 2글자 또는 3글자의 낱말을 만들어서 적어 봅시다(글자를 하나씩 오려 낸 후 자유롭게 맞춰 보면서 낱말을 찾아낼 수 있게 한다).

1.

기 비 헬 수 행 거 부 향

2.

스 소 잠 수 험 점 함 힘

3.

방 붕 차 사 처 방 소 서

낱말 익히기 3

언어적 사고력

📋 다음 제시된 글자들로 만들 수 있는 2글자 또는 3글자의 낱말을 만들어서 적어 봅시다(글자를 하나씩 오려 낸 후 자유롭게 맞춰 보면서 낱말을 찾아낼 수 있게 한다).

1.

신 후 선 동 랑 호 등 산

2.

럼 더 람 쥐 다 두 지

3.

라 토 더 리 다 두 도

낱말 익히기 4

📋 다음 제시된 글자들로 만들 수 있는 2글자 또는 3글자의 낱말을 만들어서 적어 봅시다(글자를 하나씩 오려 낸 후 자유롭게 맞춰 보면서 낱말을 찾아낼 수 있게 한다).

1.

공 농 여 구 야 고 발 사

2.

수 기 장 착 구 야 축 족

3.

관 소 라 수 족 영 신 장

📋 다음 교실에서 볼 수 있는 것들을 떠올리며 낱말퍼즐을 완성해 봅시다.

①	1 책			2 지	
	②			④	
③		3		⑤	4

가로 열쇠	세로 열쇠
① 여기에 글씨를 쓸 수 있어요.	1 책을 넣어 가지고 다닐 수 있어요.
② 종이를 자를 수 있어요.	2 글씨나 그림을 지우는 데 필요해요.
③ 우리가 배우는 책이에요.	3 책상에 붙어 있어 물건을 넣을 수 있어요.
④ 비가 올 때 꼭 필요해요.	
⑤ 글씨를 쓸 때 필요해요.	4 글씨를 쓰는 데 필요한 것들을 넣어요.

낱말 익히기 6

📋 가리키는 말에 대해 알아봅시다.

- 사람을 가리키는 말: 나 , 너 , 우리 , 저희

- 물건을 가리키는 말: 이것 , 저것 , 그것

- 장소를 가리키는 말: 여기 , 저기 , 거기

📋 그림을 보고 문장에 적절한 가르키는 말을 보기에서 찾아 넣어 봅시다.

〈보기〉
여기, 거기, 이, 저, 그

1. _____ 내 발 앞에 축구공이 있다.

2. "_____ 축구공이 네 것이니?"

3. "그래, _____ 축구공은 내 것이야."

4. "_____ 하늘에 떠 있는 구름 좀 봐"

5. "철수야, 바위 위에 앉아 있어. 내가 _____ 로 갈게."

낱말 익히기 7

📋 가리키는 말을 찾아 ○표를 하고, 그 말이 의미하는 것은 무엇인지 적어 봅시다.

아버지께서 동생에게 장난감 자동차를 사 주셨습니다.

동생은 그것을 좋아합니다.

동생은 늘 그것만 가지고 놉니다.

영미는 어머니와 함께 가게에 갔습니다.

참외를 좋아하는 영미는 자기 앞에 놓인 참외를 가리키며 말하였습니다.

"엄마, 이것 어때요?"

"글쎄, 뭐가 좋을까? 저것도 맛있을 것 같네."

어머니께서 멀리 놓인 자두를 가리키시며 말씀하셨습니다.

나무는 공기를 맑게 합니다.

그것이 많은 곳은 공기가 맑습니다.

산에 나무가 많으면 홍수나 가뭄을 막을 수도 있습니다.

나무가 주는 혜택은 이것만이 아닙니다.

우리가 보는 이 책도 종이로 만들었습니다.

포함하거나 포함되는 낱말 익히기 1

📋 보기와 같이 낱말들을 묶고, 모두를 포함하는 한 낱말로 적어 봅시다.

<보기>

장갑, 바지, 옷, 모자, 신발 → 의류

● 사과, 포도, 감, 수박, 귤, 파인애플 →

● 연필, 지우개, 삼각자, 색연필, 공책 →

● 오이, 호박, 당근, 무, 배추, 가지 →

● 토끼, 거북이, 여우, 코끼리, 다람쥐 →

● 오디오, 텔레비전, 비디오, 냉장고 →

● 소아과, 치과, 안과, 한의원, 내과 →

포함하거나 포함되는 낱말 익히기 2

📋 다음의 낱말들을 보기와 같이 오른쪽의 도표에 적어 봅시다.

1) 농구, 야구, 운동, 축구, 배구

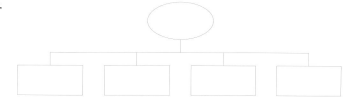

2) 기차, 버스, 자동차, 오토바이, 탈 것

3) 침대, 가구, 의자, 책상, 책꽂이

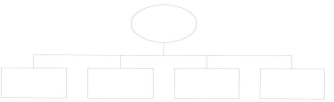

포함하거나 포함되는 낱말 익히기 3

다음 문장을 읽고, 어울리지 않는 낱말에 ○표 해 봅시다. 그리고 어울리지 않는다고 생각한 이유를 말해 봅시다.

- 내가 좋아하는 동물은 펭귄, 토끼, 곰 인형, 코끼리입니다.

- 내가 좋아하는 과일은 사과, 포도, 복숭아, 감자입니다.

- 내가 좋아하는 곤충은 개미, 잠자리, 고양이, 메뚜기입니다.

- 내 단짝친구가 좋아하는 음식은 자장면, 냄비, 떡볶이, 김밥입니다.

- 우리 집에 있는 가전제품은 세탁기, 냉장고, 청소기, 침대입니다.

- 내가 싫어하는 채소는 복숭아, 브로콜리, 당근, 오이입니다.

글자는 같고 뜻이 다른 낱말 익히기 1

❶ 언어적 사고력

□에 공통으로 들어갈 낱말을 보기에서 찾아 적고, 뜻이 어떻게 다르게 쓰이는지 말해 봅시다.

〈보기〉

김, 벌, 배, 밤, 병, 말, 턱, 눈

● 추운 겨울 ☐ 에 할머니와 오누이가 화로에 둘러앉아 ☐ 을 구워 먹었습니다.

● 차가운 ☐ 을 맞으며 놀다가 ☐ 이 ☐ 에 들어가서 ☐ 물이 났습니다.

● ☐ 속에 담긴 음료수를 확인하지 않고 먹었더니 ☐ 이 났습니다.

● 그 섬까지 ☐ 를 타고 가는데, 멀미가 나고 ☐ 도 아팠습니다.

● ☐ 을 타고 가다가 그 사람에게 전해야 할 ☐ 이 있어서 다시 돌아왔습니다.

● 무심코 걸어가다가 ☐ 에 걸려서 넘어지는 바람에, ☐ 을 크게 다쳤습니다.

● ☐ 을 받지 않으려고 숨어 있다가, 날아온 ☐ 에 쏘여서 팔이 발갛게 부어올랐습니다.

● ☐ 이 모락모락 나는 밥을 ☐ 에 싸 먹어야 더 맛있습니다.

41

글자는 같고 뜻이 다른 낱말 익히기 2

📋 □에 공통으로 들어갈 낱말을 보기에서 찾아 적고, 뜻이 어떻게 다르게 쓰이는지 말해 봅시다.

〈보기〉

분수, 다리, 고개, 시내, 사과

● 저 큰 [　　　]를 건너서 여기까지 걸어오느라 [　　　]가 몹시 아팠습니다.

● 학교에 가려면 저 [　　　]를 넘어야 하는데 가다가 이웃 어른들이라도 만나면 [　　　]를 숙여 인사를 해야 합니다.

● 시장에 가려면 버스를 타고 [　　　]로 가야 합니다. [　　　]로 나가는 버스를 타려면 마을 앞의 [　　　]에 놓인 징검다리를 건너야 합니다.

● 나무에 매달린 [　　　]를 따려고 가지를 흔들다가 주인에게 들켜서 [　　　]했습니다. [　　　]를 잘한 덕분에 [　　　]한 광주리를 얻었습니다.

● 수학시험을 앞두고 있어서 [　　　]를 공부하다가 답답해져서 멋진 [　　　]가 물을 뿜고 있는 공원에 나가 바람을 쐽니다.

42

 낱말 이해 1

📋 다음 보기와 같이 제시된 낱말을 활용하여 문장을 만들어 봅시다.

─── 〈보기〉 ───

얻다
- 거실에 놓을 의자 하나를 이웃집에서 얻었다.
- 시장에서 일자리를 얻다.
- 책에서 기쁨을 얻다.

1. 흥미롭다	◉ ◉
2. 허락하다	◉ ◉
3. 안전하다	◉ ◉
4. 고치다	◉ ◉
5. 부드러운	◉ ◉
6. 부유한	◉ ◉
7. 구해 주다	◉ ◉
8. 버릇없는	◉ ◉

9. 감추다	• •
10. 똑똑한	• •
11. 수줍은	• •
12. 줄이다	• •
13. 친절한	• •
14. 끝내다	• •
15. 다가서다	• •
16. 수수한	• •
17. 약한	• •
18. 도망치다	• •
19. 거절하다	• •
20. 힘센	• •

낱말 이해 2

❶ 언어적 사고력

📋 다음 낱말들을 세 개의 상자 속에 넣어 봅시다.

―――――――――――――― 〈보기〉 ――――――――――――――

인천, 개구리, 수성, 사람, 대구, 지구,
토끼, 치타, 부산, 금성, 대전, 토성

1.	2.	3.

◆ 앞의 낱말을 포함하는 뜻이 큰 순서대로 나열하시오.

1.

2.

3.

📋 다음 낱말들을 세 개의 상자 속에 넣어 봅시다.

―――――――――――――― 〈보기〉 ――――――――――――――

자동차, 전조등, 코끼리, 촛불, 깨소금, 여우,
형광등, 곰, 소금, 다람쥐, 손전등, 설탕, 간장

1.	2.	3.

◆ 앞의 낱말을 포함하는 뜻이 큰 순서대로 나열하시오.

1.

2.

3.

낱말 이해 3

📋 분류표를 보고 〈보기〉의 대상과 분류한 기준을 적어 봅시다. 〈연습문제〉

〈보기〉
갈치, 당근, 고등어, 멸치, 마늘, 오징어, 양파, 콩

* 분류란 기준에 따라 대상을 나누어 묶는 것이다.

분류 기준	해산물(바다에서 나는 음식)	농작물(밭에서 나는 음식)
대상	갈치, 고등어, 멸치, 오징어	당근, 마늘, 양파, 콩

📋 분류표를 보고 〈보기〉의 대상과 분류한 기준을 적어 봅시다.

〈보기〉
오렌지, 당근, 포도, 오이, 딸기, 호박, 사과, 시금치

분류 기준		
대상		

46

📋 분류표를 보고 〈보기〉의 대상과 분류한 기준을 적어 봅시다.

─── 〈보기〉 ───
탁구, 배구, 농구, 레슬링, 유도, 축구, 태권도

분류 기준		
대상		

📋 분류표를 보고 〈보기〉의 대상과 분류한 기준을 적어 봅시다.

─── 〈보기〉 ───
바지, 점퍼, 티셔츠, 반바지, 블라우스, 치마, 팬티, 셔츠

분류 기준		
대상		

📋 분류표를 보고 〈보기〉의 대상과 분류한 기준을 적어 봅시다.

─── 〈보기〉 ───
불안, 우울, 행복, 기쁨, 슬픔, 반가움, 뿌듯, 억울

분류 기준		
대상		

📋 왼쪽의 낱말과 반대의 뜻을 가진 낱말을 골라 봅시다.

1. 얻다	㉮ 잃다	㉯ 이익이다	㉰ 무겁다
2. 흥미롭다	㉮ 일하다	㉯ 즐겁다	㉰ 지루하다
3. 똑똑한	㉮ 어리석은	㉯ 영리한	㉰ 우스운
4. 허락하다	㉮ 반대하다	㉯ 내버려 두다	㉰ 인정하다
5. 안전하다	㉮ 편안하다	㉯ 위험하다	㉰ 보호하다
6. 고치다	㉮ 망가뜨리다	㉯ 가지런하게 하다	㉰ 정리하다
7. 부드러운	㉮ 깨끗한	㉯ 매끄러운	㉰ 거친
8. 부유한	㉮ 가난한	㉯ 슬픈	㉰ 소중한
9. 구해 주다	㉮ 구조하다	㉯ 끌어내다	㉰ 내버려 두다
10. 버릇없는	㉮ 예의 바른	㉯ 거북한	㉰ 난폭한
11. 감추다	㉮ 입다	㉯ 보이다	㉰ 숨기다

12. 수줍은	㉮ 부끄러운	㉯ 뻔뻔한	㉰ 얌전한
13. 줄이다	㉮ 자르다	㉯ 작게 하다	㉰ 늘이다
14. 친절한	㉮ 상냥한	㉯ 불친절한	㉰ 수상한
15. 끝내다	㉮ 닫다	㉯ 끝마치다	㉰ 시작하다
16. 다가서다	㉮ 머무르다	㉯ 접근하다	㉰ 멀어지다
17. 수수한	㉮ 화려한	㉯ 평범한	㉰ 추한
18. 약한	㉮ 강한	㉯ 순한	㉰ 비참한
19. 도망치다	㉮ 잡혀 오다	㉯ 풀려나다	㉰ 뛰어가다
20. 거절하다	㉮ 받아들이다	㉯ 실수하다	㉰ 거부하다
21. 반대하다	㉮ 찬성하다	㉯ 좋아하다	㉰ 싫어하다
22. 이기다	㉮ 비기다	㉯ 지다	㉰ 승리하다

낱말 이해 5

📋 다음의 주어진 낱말과 반대의 뜻을 가진 낱말을 생각해서 적어 봅시다. 그리고 두 개
의 낱말을 넣어 짧은 글을 지어 봅시다.

━━━ 〈보기〉 ━━━

넣다 : 꺼내다
• 나는 가방에서 필통을 넣고 교과서를 꺼냈다.

1. 얻다 :
●
2. 흥미롭다 :
●
3. 허락하다 :
●
4. 안전하다 :
●
5. 고치다 :
●
6. 부드러운 :
●
7. 꼭 끼는 :
●
8. 약하다 :
●
9. 버릇없는 :
●

10. 감추다 :

11. 똑똑한 :

12. 수줍은 :

13. 줄이다 :

14. 친절한 :

15. 끝내다 :

16. 다가서다 :

17. 약한 :

18. 반대하다 :

19. 내려오다 :

20. 아직 :

21. 옛날의 :

낱말 이해 6

📋 왼쪽의 낱말과 가장 비슷한 뜻을 가진 낱말을 골라 봅시다.

1. 쫓아오다	㉮ 따라오다	㉯ 보내다	㉰ 떠나다
2. 가끔	㉮ 항상	㉯ 자주	㉰ 때때로
3. 시작하다	㉮ 끝내다	㉯ 출발하다	㉰ 마치다
4. 그릇	㉮ 상자	㉯ 접시	㉰ 빨대
5. 듬직한	㉮ 의젓한	㉯ 촐랑대는	㉰ 미련한
6. 바쁘다	㉮ 한가하다	㉯ 분주하다	㉰ 놀다
7. 교사	㉮ 학생	㉯ 제자	㉰ 선생님
8. 피곤한	㉮ 지친	㉯ 활기찬	㉰ 아픈
9. 맑은	㉮ 투명한	㉯ 탁한	㉰ 매끈한
10. 잘라 내다	㉮ 붙이다	㉯ 미루다	㉰ 오려 내다
11. 소원하다	㉮ 소망하다	㉯ 믿다	㉰ 실망하다

12. 소란스럽다	㉮ 조용하다	㉯ 시끄럽다	㉰ 이야기하다
13. 올리다	㉮ 띄우다	㉯ 내리다	㉰ 밀다
14. 둔한	㉮ 날카로운	㉯ 무딘	㉰ 예리한
15. 깨끗한	㉮ 더러운	㉯ 청결한	㉰ 맑은
16. 어려운	㉮ 쉬운	㉯ 힘든	㉰ 편리한
17. 쓸쓸한	㉮ 차가운	㉯ 외로운	㉰ 즐거운
18. 과거	㉮ 어제	㉯ 오늘	㉰ 내일
19. 홀로	㉮ 같이	㉯ 함께	㉰ 혼자
20. 병든	㉮ 힘센	㉯ 순한	㉰ 약한
21. 부끄러운	㉮ 수줍은	㉯ 당당한	㉰ 자신감 넘친
22. 외치다	㉮ 소리 지르다	㉯ 귓속말하다	㉰ 이야기하다

낱말 이해 7

📋 다음의 주어진 낱말과 비슷한 뜻을 가진 낱말을 모두 적어 봅시다. 그리고 그 중의 한
  낱말을 넣어 짧은 글을 지어 봅시다.

1. 쫓아오다 :   ◉
2. 가끔 :   ◉
3. 시작하다 :   ◉
4. 그릇 :   ◉
5. 듬직한 :   ◉
6. 바쁘다 :   ◉
7. 교사 :   ◉
8. 피곤한 :   ◉
9. 맑은 :   ◉
10. 잘라 내다 :   ◉
11. 소원하다 :   ◉

12. 소란스럽다 :

    ◉

13. 올리다 :

    ◉

14. 둔한 :

    ◉

15. 깨끗한 :

    ◉

16. 어려운 :

    ◉

17. 쓸쓸한 :

    ◉

18. 과거 :

    ◉

19. 홀로 :

    ◉

20. 병든 :

    ◉

21. 부끄러운 :

    ◉

22. 외치다 :

    ◉

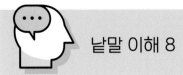

📋 서로 비슷한 뜻을 가진 두 개의 낱말이 있습니다. 보기를 잘 읽어 보고, 두 개의 낱말을 알맞게 설명한 것을 골라 봅시다.

1 그릇 병	㉮ 담는 것이다. ㉯ 유리로 만든 것이다. ㉰ 긴 목을 가지고 있다.
2 두루마기 잠바	㉮ 무릎까지 내려온다. ㉯ 겉옷이다. ㉰ 추운 계절에 입는다.
3 식탁 화장대	㉮ 한 명만 사용할 수 있다. ㉯ 부엌에서 볼 수 있다. ㉰ 가구이다.
4 전기난로 전등	㉮ 빛을 내기 위해 쓰인다. ㉯ 전기를 사용한다. ㉰ 요리할 때 쓰인다.
5 동요 소음	㉮ 귀로 듣는 것이다. ㉯ 즐거운 것이다. ㉰ 정성 들여 만든 것이다.
6 책상 책장	㉮ 공부하기 위한 것이다. ㉯ 의자와 함께 쓰인다. ㉰ 무엇인가를 진열한다.

7 피아노 바이올린	㉮ 음악 연주를 위해 쓴다. ㉯ 건반이 있다. ㉰ 손가락으로 두드린다.
8 라디오 텔레비전	㉮ 소리만 들린다. ㉯ 소식을 전해 준다. ㉰ 만화를 볼 수 있다.
9 신문 잡지	㉮ 매일 만든다. ㉯ 작가가 있어야 한다. ㉰ 기자가 있어야 한다.
10 수첩 지갑	㉮ 돈을 넣는 것이다. ㉯ 주머니에 넣을 수 있다. ㉰ 끈이 달려 있다.
11 현미경 망원경	㉮ 물건을 좀 더 자세히 볼 수 있다. ㉯ 가까이 있는 것을 자세히 볼 때 사용한다. ㉰ 먼 곳에 있는 것을 자세히 볼 때 사용한다.
12 왕 대통령	㉮ 선거로 뽑힌다. ㉯ 나라를 이끌어 간다. ㉰ 누구나 될 수 있다.
13 집 호텔	㉮ 매일 살 수 있다. ㉯ 잠을 잘 수 있는 곳이다. ㉰ 돈을 내고 가야 하는 곳이다.

낱말 이해 9

📋 각각의 낱말들은 어떤 일이 일어나는 순서대로 나타낸 것입니다. 다음에는 어떤 일이 일어날까요? 알맞은 낱말을 보기에서 골라 봅시다.

1. 떠나다, 여행하다

─── 〈보기〉 ───
도착하다, 출발하다, 운전하다

2. 벌다, 저축하다

─── 〈보기〉 ───
얻다, 받다, 쓰다

3. 설계하다, 짓다

─── 〈보기〉 ───
건설하다, 이사하다, 살다

4. 원인, 사건

─── 〈보기〉 ───
기회, 이유, 결과

5. 씨를 뿌리다, 싹이 트다

─── 〈보기〉 ───
잎이 자라다, 거름을 주다, 물을 주다

6. 잠자다, 깨다

─── 〈보기〉 ───
졸다, 일어나다, 움직이다

낱말 이해 10

① 언어적 사고력

📋 다음의 낱말들을 일이 일어나는 순서대로 다시 적어 봅시다.

1. 설거지하다, 요리하다, 먹다

◉

2. 전화 걸다, 전화 끊다, 말하다

◉

3. 사다, 가게에 가다, 사용하다

◉

4. 공격하다, 싸우다, 이기다

◉

5. 수업, 복습, 예습

◉

6. 계속하다, 끝나다, 시작하다

◉

7. 마르다, 헹구다, 비누칠하다

◉

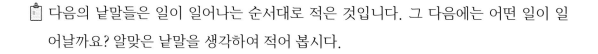

낱말 이해 11

📋 다음의 낱말들은 일이 일어나는 순서대로 적은 것입니다. 그 다음에는 어떤 일이 일어날까요? 알맞은 낱말을 생각하여 적어 봅시다.

1. 달리다, 넘어지다

2. 태어나다, 살다

3. 밭을 갈다, 씨를 뿌리다

4. 사다, 사용하다

5. 과거, 현재

6. 물다, 씹다

7. 장전하다, 겨냥하다

8. 새벽, 아침

9. 다치다, 치료하다

📋 다음 네 개의 낱말이 있습니다. 낱말을 읽고 전체와 그 부분에 속하는 낱말을 각각 알아봅시다. 보기와 같이 전체를 나타내는 낱말은 앞부분에, 부분을 나타내는 낱말은 뒷부분에 적어 봅시다.

〈보기〉

핸들, 자전거, 페달, 체인

| 전체 | 자전거 | 부분 | 핸들, 페달, 체인 |

1. 반사경, 재물대 접안렌즈, 현미경

| 전체 | | 부분 | |

2. 도시, 중심가, 주택가, 변두리

| 전체 | | 부분 | |

3. 입원실, 주사기, 병원, 청진기

| 전체 | | 부분 | |

4. 매표소, 극장, 좌석, 영사실

| 전체 | | 부분 | |

5. 지느러미, 부레, 물고기, 아가미

| 전체 | | 부분 | |

6. 놀이공원, 회전목마, 롤러코스터, 바이킹

| 전체 | | 부분 | |

7. 냉장고, 야채실, 냉동실, 온조 조절기

| 전체 | | 부분 | |

낱말 이해 13

📋 다음의 낱말은 공통적으로 가지고 있는 특성이 있습니다. 어떤 점이 같은지 적어 봅시다.

─── 〈보기〉 ───

분필, 밀가루, 설탕

• 이것은 모두 흰색의 가루입니다.

1. 자, 체중계, 양팔저울

•

2. 번쩍거리다, 광선, 전등

•

3. 뜨거운, 차가운, 미지근한

•

4. 끓다, 증발하다, 김이 나다

•

5. 색연필, 싸인펜, 만년필

•

6. 침묵하다, 조용하다, 고요하다

•

7. 이슬비, 소나기, 가랑비

•

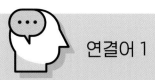

📋 다음의 두 문장이 자연스럽게 연결되도록 이어 주는 말을 골라 ○표를 해 봅시다.

1. 영준이는 양치질을 했습니다. (그래서, 그리고) 옷을 입었습니다.

2. 수빈이는 밤에 숙제를 했습니다. (그리고, 그런데) 잠을 잤습니다.

3. 나영이는 피구를 잘 합니다. (그런데, 그리고) 달리기는 잘 못합니다.

4. 희성이는 놀이터에서 더 놀고 싶었습니다. (그런데, 그리고) 벌써 학원에 갈 시간이 지나 버렸습니다.

5. 연서는 성적을 잘 받고 싶었습니다. (그래서, 그리고) 시험 한 달 전부터 열심히 공부했습니다.

연결어 2

📋 다음의 두 문장이 자연스럽게 연결되도록 이어 주는 말을 보기에서 골라 적어 봅시다.

┌─────────────── 〈보기〉 ───────────────┐
│   │
│   그리고, 그런데, 그래서, 또   │
│   │
└──────────────────────────────────────┘

1. 진영이가 풍선을 불고 있었습니다. _____ 너무 크게 불어서 풍선이 터져 버렸습니다.

2. 나는 축구를 잘 합니다. _____ 배드민턴도 잘 칩니다.

3. 낮에 아이스크림을 다섯 개나 먹었습니다. _____ 밤에 배가 아팠습니다.

4. 우영이는 축구를 하자고 했습니다. _____ 민서는 농구를 하자고 했습니다.

5. 알람을 듣지 못해서 아침에 늦게 일어났습니다. _____ 학교에 지각을 했습니다.

6. 수정이가 내 발을 밟고 지나갔습니다. _____ 사과도 하지 않아서 기분이 몹시 나쁩니다.

7. 나는 프랑스에 가 보고 싶습니다. _____ 독일에도 가 보고 싶습니다.

문장 이해 1

❶ 언어적 사고력

📋 보기에서와 같이 두 개의 문장을 읽고 각각을 원인과 결과로 나누어 적어 봅시다.

※ 원인과 결과 알기: 원인이란 어떤 일이 생기게 된 까닭이나, 그 일을 생기게 만든 다른 일을 말한다. 결과란 어떤 원인 때문에 생긴 나중의 일을 말한다. 글 속에 나타난 사건에 대해 잘 이해하려면 원인과 결과의 관계를 아는 것이 중요하다.

〈보기〉

교실에서 친구와 공놀이를 하다가 유리창을 깼습니다.
선생님께 불려 가서 야단을 맞았습니다.

| 원인 | 교실에서 친구와 공놀이를 하다가 유리창을 깼습니다. |
| 결과 | 선생님께 불려 가서 야단을 맞았습니다. |

1.

모두에게 친절한 진희가 내 짝이 되었습니다.
오늘 학교에서 짝을 바꿨습니다.

원인
결과

2.

지우개를 잃어버렸습니다.
문방구에 가서 지우개를 하나 샀습니다.

원인
결과

3.

밭의 농작물들이 바싹 말라 버렸습니다.
오랫동안 비가 내리지 않았습니다.

원인
결과

4.

동생이 나를 한 대 때리고 도망쳤습니다.
도망가다가 문턱에 걸려 넘어져서 울었습니다.

원인

결과

5.

지수는 글짓기 연습을 꾸준히 했습니다.
지수의 글짓기 솜씨는 놀랍게 향상되었습니다.

원인

결과

6.

밤부터 열이 나고, 기침이 나왔습니다.
어제 비를 맞으며 신나게 놀았습니다.

원인

결과

7.

산불이 여기저기서 났습니다.
오랫동안 비가 오지 않아서 너무 건조했습니다.

원인

결과

8.

하마터면 차에 부딪칠 뻔했습니다.
횡단보도를 건널 때 좌우를 확인하지 않았습니다.

원인

결과

📋 다음 보기와 같이 원인에 대한 결과를 적어 봅시다.

─── 〈보기〉 ───

식목일 날 마을 뒷산에 나무를 많이 심었다.

결과   뒷산에 많은 나무가 자라고 있다.

1. 이번 중간시험 기간에는 공부를 열심히 하였다.

결과

2. 점심 때부터 배가 몹시 고팠다.

결과

3. 어제 전국적으로 엄청난 비가 내렸다.

결과

4. 친한 친구의 별명을 부르며 놀려 줬다.

결과

5. 오후가 되자 먹구름이 몰려오더니 캄캄해졌다.

결과

6.

어제 저녁부터 열이 오르기 시작하더니 밤새도록 열이 심하게 났다.

결과

7.

학교 끝나고 친구들과 함께 축구를 하다보니 시간 가는 줄 몰랐다.

결과

8.

내 짝꿍이 전학을 간다고 작별 인사를 하였다.

결과

9.

사흘째, 비가 계속 내리고 있다.

결과

10.

너무 더워서 아이스크림을 한번에 5개나 먹었다.

결과

11.

길을 걷다가 발을 헛딛었다.

결과

12.

어제 저녁부터 늦게까지 텔레비전을 보고 새벽에 잠이 들었다.

결과

13.

가을이 됐다.

결과

14.

날씨가 너무 추웠다.

결과

📋 다음 그림을 가장 잘 설명해 놓은 문장을 찾아봅시다.

1.
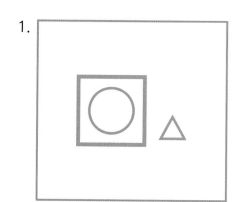

① 원, 네모, 세모가 있다.

② 큰 네모와 원이 겹쳐 있고 그 옆에 작은 세모가 있다.

③ 큰 네모 안에 원이 있고, 큰 네모의 오른쪽에 작은 세모가 있다.

2.
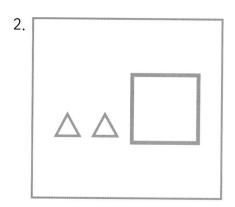

① 왼쪽부터 작은 세모가 아래쪽에 나란히 두 개, 그 옆에 큰 네모가 있다.

② 세모, 세모, 네모가 있다.

③ 네모와 세모 2개가 나란히 있다.

3.
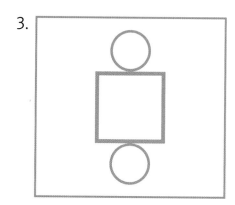

① 원, 네모, 원이 길게 서 있다.

② 작은 원 위에 큰 네모, 그 위에 작은 원이 있다.

③ 큰 네모의 윗면과 아랫면 가운데에 작은 원이 한 개씩 붙어 있다.

다음 지시문을 읽고 모양이 배합된 후 어떻게 보이는지 그려 봅시다.

1.

삼각형과 원이 모두 정사각형 아래에 있는 것 같이 보이도록 도형을 그리세요.

2.

정사각형이 삼각형과 원 밑에 있는 것 같이 보이도록 그리세요.

3.

정사각형이 원 밑에 있고 삼각형이 정사각형의 밑에 있는 것 같이 보이도록 그리세요.

4.

원이 제일 위에 있고 사각형이 제일 밑에 있는 것 같이 보이도록 그리세요.

5.

삼각형이 원과 사각형의 위에 있는 것 같이 보이도록 그리세요.

6.

원과 사각형이 삼각형 위에 있는 것 같이 보이도록 그리세요.

7.

육각형이 삼각형과 사각형 위에 있는 것 같이 보이도록 그리세요.

두 줄 독해 1

📋 다음 지문을 읽고 질문에 답해 봅시다.

> 수진이는 아침에 일찍 일어났습니다.
> 밥을 먹고, 학교에 갑니다.

➤ 누가 학교에 갑니까?

➤ 수진이는 아침에 어디를 갑니까?

> 길에서 친구를 만납니다.
> "수진아, 안녕?"
> "진성아, 안녕?"

➤ 수진이는 학교 가는 길에 누구를 만났습니까?

➤ 무엇이라고 인사합니까?

> 리 리 리 자로 끝나는 말은
> 꾀꼬리 목소리 개나리 울타리 오리 한 마리.

➤ '리'자로 끝나는 낱말은 무엇입니까?

> 토실토실 아기돼지 밥 달라고 꿀꿀꿀
> 엄마돼지 오냐오냐 알았다고 꿀꿀꿀

➤ 돼지의 모습을 표현한 흉내 내는 말을 찾으세요.

➤ 돼지가 밥 달라는 소리를 흉내 낸 말을 찾으세요.

📋 다음 지문을 읽고 질문에 답해 봅시다.

> 엉덩이를 실룩실룩 흔들면서
> 덩실덩실 신나게 춤을 추어요.

➤ 춤을 출 때, 엉덩이 흔드는 모습을 나타낸 말은 무엇입니까?

> 곰이 골짜기에서 가재를 잡고 있습니다.
> 꾀 많은 여우가 그 옆을 슬금슬금 다가갑니다.

➤ 곰이 어디에 있습니까?

➤ 곰이 무엇을 잡고 있습니까?

> 곰이 여우의 뒤를 성큼성큼 따라갑니다.
> 겁이 난 여우는 놀라서 달아났습니다.

➤ 곰이 누구를 따라갑니까?

➤ 곰이 걸어가는 모습을 흉내 내는 말을 찾아 쓰세요.

> 지난 토요일에는 하루 종일 재미있었습니다.
> 친구들과 놀이공원에서 신나게 놀았습니다.

➤ 언제 일어난 일입니까?

➤ 친구들과 어디에 갔었습니까?

두 줄 독해 3

📋 다음 지문을 읽고 질문에 답해 봅시다.

> 돌이가 토끼장 문을 엽니다.
> 토끼들이 신이 나서 깡충깡충 뛰어나옵니다.

▸ 돌이가 무엇을 열었습니까?
▸ 토끼가 뛰어다니는 모습을 흉내 낸 말을 찾으세요.

> 돌이가 외양간 빗장도 풀어 주었습니다.
> 소들도 신이 나서 경중경중 뛰어나옵니다.

▸ 돌이가 무엇을 열었습니까?
▸ 소가 뛰는 모습을 흉내 낸 말을 찾으세요.

> 토끼들이 배추밭으로 깡충깡충 뛰어갑니다.
> 토끼들이 배추를 오물오물 맛있게 먹습니다.

▸ 토끼가 어디로 뛰어갑니까?
▸ 토끼가 무엇을 먹습니까?

> 소들이 보리밭으로 경중경중 뛰어갑니다.
> 소들이 보리를 우적우적, 우물우물 먹습니다.

▸ 소들이 어디로 뛰어갑니까?
▸ 소들이 무엇을 먹습니까?

> 토끼와 소들이 배추밭과 보리밭을 망쳐 놓았습니다.
> 돌이가 발을 동동 구릅니다.

▸ 배추밭과 보리밭을 누가 망쳐 놓았습니까?
▸ 돌이의 마음은 어떨까요?

74

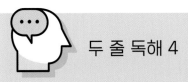

📋 다음 지문을 읽고 질문에 답해 봅시다.

> 나는 숙제를 먼저 하고 노는 것이 좋다고 생각해.

➤ 숙제를 먼저 합니까? 노는 것을 먼저 합니까?

> 나는 운동을 열심히 합니다.
> 아침에 일찍 일어나 체조를 합니다.

➤ 운동은 언제 합니까?
➤ 아침 일찍 일어나 무엇을 합니까?

> 매주 화요일 오후에는 친구들과 함께 축구를 합니다.
> 나는 운동을 열심히 하는 것이 건강에 좋다고 생각합니다.

➤ 축구는 언제 합니까?
➤ 축구는 누구랑 합니까?

> 수요일 오후에는 음악수업이 있습니다.
> 영진이는 음악실로 갔습니다.

➤ 음악수업이 있는 요일은 언제 입니까?
➤ 영진이는 음악시간에 어디로 갑니까?

> 처음으로 고속버스를 탔습니다.
> 차창 밖으로 보이는 시골 풍경이 아름다웠습니다.

➤ 창문 밖으로 무엇이 보이나요?

쪽지 글 읽고 필요한 내용 파악하기 1

📋 다음의 쪽지를 읽고 오른쪽 질문에 답해 봅시다.

수빈에게

내일 아침 학교에 같이 가자.
8시에 싱싱마트 앞에서 만나.

재윤이가

● 누가 누구에게 쓴 글인가요?

● 수빈이는 몇 시까지 어느 곳으로 가야 할까요?

성윤아,

3시까지 학교 운동장으로 와.
2반이랑 축구시합을 할 거야.

형준 씀

● 누가 누구에게 쓴 글인가요?

● 성윤이는 몇 시까지 어느 곳으로 가야 할까요?

● 형준이는 학교 운동장에서 무엇을 할 예정이라고 말했나요?

쪽지 글 읽고 필요한 내용 파악하기 2

1 언어적 사고력

🖊 다음의 쪽지를 읽고 오른쪽 질문에 답해 봅시다.

> 지영아,
>
> 오늘 내 생일 잔치를 하려고 해.
> 4시까지 피자마당으로 오면 돼.
>
> 민서가

- 누가 누구에게 쓴 글인가요?

- 몇 시까지?

- 어디로 가야 하는가?

🖊 내일은 친구를 만나 분식점에서 떡볶이를 같이 먹자고 할 예정입니다. 친구에게 언제 어느 곳으로 오라고 할지 정해서 쪽지글을 적어 봅시다.

안내문 보고 필요한 내용 파악하기 1

📋 다음의 약봉투를 보고 질문에 답해 봅시다.

(15세 ⓝ 여)   김재원 님

1일   3 회   3 일분

매   8 시간마다   1 포(정)씩 복용

☐식후 즉시 복용 ✔식후 30분 복용 ☐식후 1시간 복용
☐조·석 식후 복용 ☐식전 30분 복용 ☐취침전 복용

2017년 9월 6일

빠른 쾌유를 기원합니다.

- 누구를 위한 약입니까?

- 약을 처방받아서 가져온 날은 며칠입니까?

- 하루에 몇 번 먹어야 합니까?

- 약을 며칠 동안 먹어야 합니까?

- 식사를 하고 나서 얼마 뒤에 먹어야 합니까?

📋 영준이는 전학을 간 친구의 집에 놀러 가려고 지하철을 탔습니다. 영준이의 집은 혜화역 근처이고, 전학을 간 친구의 집은 신사역 근처에 있습니다.

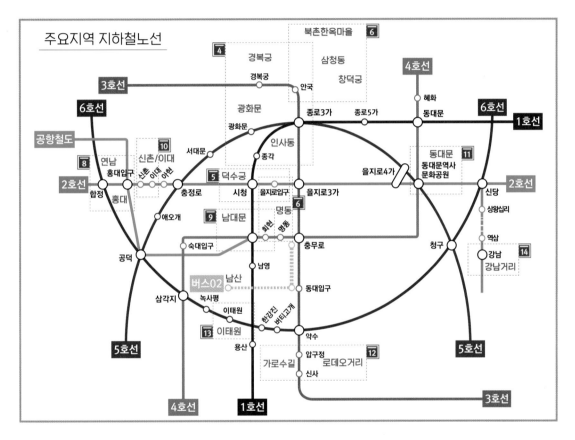

- 영준이의 집 근처 역에 동그라미 표시하고, 혜화역은 몇 호선인지 찾아봅시다.

- 전학을 간 친구의 집 근처 역에 동그라미 표시하고, 신사역은 몇 호선인지 찾아봅시다.

- 영준이가 전학을 간 친구의 집에 가려면 어느 역에서 환승을 해야 할까요? 영준이가 지하철을 타고 전학을 간 친구의 집으로 가는 여러 가지 경로에 대해 이야기해 봅시다.

안내문 보고 필요한 내용 파악하기 3

📋 다음의 철도 승차권을 살펴보고 질문에 답해 봅시다.

이용안내

1. 이 홈-티켓(Home-Ticket)은 철도승차권이며 해당열차에 지정 승차자가 승차하셔야 합니다.
2. 코레일 직원이 본인 확인을 요구할 경우 신분증을 제시하셔야 합니다.
3. 열차출발시각 이전에는 인터넷, 역 및 대리점에서 반환이 가능하나 출발시각 이후에는 역과 대리점에서만 반환이 가능하며 도착역 도착시각 이후에는 반환이 불가능 합니다.
4. 코레일 멤버십회원은 열차출발 24시간 전부터 출발시각 전까지 전화로 승차권 반환신청이 가능합니다.

문의전화 1588-7788 / 1544-7788

승차일 2010년 10월 09일(토)　　　이인쇄제발매(1회)

서울 ▶ 구미
Seoul　　　Gumi
12:25　　　15:49

무궁화　　제1251　열차 일반실　　**1** 호차 **1** 석

운임요금 17,300　할인금액 300　영수액 **17,000**

어른　　　　　　　신용 944012

승차자　　　　　　예약자
인쇄일시　　　　　　　　반환번호

KORAIL

- 출발하는 역은 어디입니까? 몇 시에 출발할 예정입니까?

- 도착하는 역은 어디입니까? 몇 시에 도착할 예정입니까?

- 타야 하는 기차의 종류는 무엇입니까?

- 이 승차권의 좌석 번호는 무엇입니까?

- 서울에서 구미까지 가는 이 기차의 운임은 얼마입니까?

※ 운임: '차비'를 뜻하며, 차를 타는 데 드는 비용을 말한다.

📋 다음은 병후네 반의 시간표입니다. 시간표를 살펴보면서 질문에 답해 봅시다.

	월	화	수	목	금
1	과학	사회	사회	과학	미술
2	도덕	국어	수학	체육	미술
3	국어	수학	국어	재량활동 (컴퓨터)	국어
4	영어	체육	국어	수학	수학
5	체육	음악		국어	음악
6				특별활동	

● 병후가 좋아하는 체육 시간이 들어 있는 요일은 언제입니까?

● 수업이 가장 일찍 끝나는 요일은 언제입니까?

● 수업이 가장 늦게 끝나는 요일은 언제입니까?

속담 이해 1

📋 다음 속담에 맞는 그림과 적합한 뜻을 골라 봅시다.

※ 속담은 어떤 사건에 대하여 비슷하면서도 재미있는 다른 상황으로 비유하여 말로 표현한 것이다.

1. 낮말은 새가 듣고 밤 말은 쥐가 듣는다.

2. 호랑이는 죽어서 가죽을 남기고 사람은 죽어서 이름을 남긴다.

호랑이가 죽어서 가죽을 남기듯이 사람은 죽어서 명예롭게 이름을 남겨야 한다는 뜻

비밀로 한 말이라도 결국 남이 듣게 될 수 있으므로 말을 조심하라는 뜻

📋 다음 속담에 맞는 그림과 적합한 뜻을 골라 봅시다.

1. 하룻강아지 범 무서운 줄 모른다.

2. 호랑이도 제 말하면 온다.

어리고 약한 사람이 강한 사람을 두려워하지 않고 철없이 함부로 덤빈다는 뜻

어떤 사람에 관해 이야기할 때 공교롭게도 그 사람이 오는 경우를 말한다. 그러므로 그 자리에 없는 사람의 흉을 함부로 보지 말라는 뜻

📋 다음 속담에 맞는 그림과 적합한 뜻을 골라 봅시다.

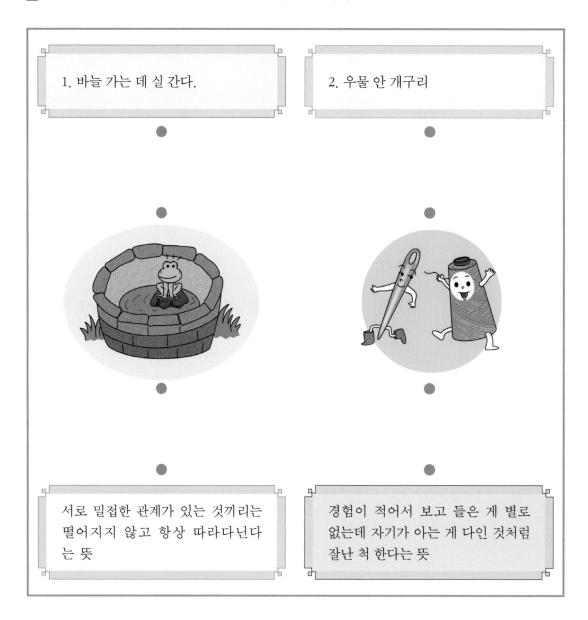

1. 바늘 가는 데 실 간다.

2. 우물 안 개구리

서로 밀접한 관계가 있는 것끼리는 떨어지지 않고 항상 따라다닌다는 뜻

경험이 적어서 보고 들은 게 별로 없는데 자기가 아는 게 다인 것처럼 잘난 척 한다는 뜻

📋 다음 속담과 맞는 뜻을 찾아 선으로 연결해 봅시다.

1. 소 잃고 외양간 고친다.	① 서로 밀접한 관계가 있는 것끼리는 떨어지지 않고 항상 따라다닌다는 뜻
2. 도토리 키 재기	② 평상시에는 준비를 소홀히 하다가 실패한 후에야 대비한다는 뜻
3. 우물 안 개구리	③ 어리고 약한 사람이 강한 사람을 두려워하지 않고 철없이 함부로 덤빈다는 뜻
4. 바늘 가는데 실 간다.	④ 서로 별 차이가 없는 처지인데도 서로들 잘났다고 떠든다는 뜻
5. 하룻강아지 범 무서운 줄 모른다.	⑤ 보고 들은 것이 적어서 세상 물정을 모르는 사람이라는 뜻

속담 이해 5

📋 다음 속담과 맞는 뜻을 찾아 선으로 연결해 봅시다.

1. 낮말은 새가 듣고 밤말은 쥐가 듣는다.	① 어떤 사람에 관해 이야기할 때 공교롭게도 그 사람이 온다는 뜻
2. 호랑이는 죽어서 가죽을 남기고 사람은 죽어서 이름을 남긴다.	② 세상에는 비밀이 없으므로 말을 조심하라는 뜻
3. 호랑이도 제 말하면 온다.	③ 호랑이는 죽어서 가죽을 남기듯이 사람은 죽어서 명예롭게 이름을 남겨야 한다는 뜻
4. 모래밭에서 바늘 찾기	④ 어떤 방면에서 잘 모르는 사람이라도 그 방면 가까이에서 오래 있으면 어느 정도는 익힌다는 뜻
5. 서당 개 삼 년이면 풍월을 읊는다.	⑤ 모래밭에서 바늘을 찾는 것처럼 일이 이루어지기 힘들다는 뜻

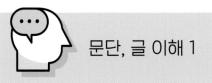

📋 다음 글을 읽고 원인과 결과를 찾아봅시다.

> 청소시간이었습니다. 내 짝꿍인 진수가 자꾸 대걸레로 내 엉덩이를 때렸습니다. 나는 너무 화가 나서 진수랑 싸웠습니다.

원인

결과

> 동엽이는 집 앞 공원에서 킥보드를 타다가 마주 오던 소영이랑 부딪혀서 넘어졌습니다. 그래서 동엽이는 무릎이 깨지고 멍이 들었습니다.

원인

결과

> 영민이는 학교에 다녀온 후 새로 산 컴퓨터 게임을 하였습니다. 그런데 컴퓨터 게임을 하느라고 숙제를 못해서 선생님께 꾸중을 들었습니다.

원인

결과

> 옛날 어느 농부가 밭에 곡식을 심었습니다. 농부는 빨리 자라기를 바랐습니다. 그래서 농부는 어린 싹을 조금씩 잡아당겼습니다. 그러자 곡식은 시들어 죽고 말았습니다.

원인

결과

문단, 글 이해 2

다음 글을 읽고 원인과 결과를 찾아봅시다.

> 윤영이는 급식시간에 수저를 가져오지 않았습니다. 그런데 선생님께서 수저를 빌려 주셔서 급식을 잘 먹었습니다.

원인

결과

> 짝이 잘못해서 책상에 우유를 쏟았습니다. 그 바람에 우유가 흘러서 내 바지가 젖었습니다.

원인

결과

> 어제 저녁을 너무 많이 먹었습니다. 먹자마자 졸려서 잠을 잤더니 밤새도록 배가 아파서 화장실을 들락거렸습니다.

원인

결과

> 염소 두 마리가 외나무다리에서 마주쳤습니다. 둘은 뿔을 맞대고 싸우기 시작했습니다. 그러다가 모두 물에 빠지고 말았습니다.

원인

결과

📋 다음 글을 읽고 높임말의 활용에 대해 알아봅시다.

이모님께

그동안 안녕하셨어요? 나 은호예요.

이모, 늘 나를 예뻐해 주셔서 고마워요. 어제는 이모께서 제 생일날 사 주신 옷을 입고 학교에 갔어요. 친구들이 옷이 예쁘다고 하였어요. 이모, 정말 고마워요.

이모, 한 가지 말할 게 있어요. 이모께서는 저를 부르실 때 늘 먹보라고 하시잖아요? 그런데 저는 먹보라는 말이 싫어요.

앞으로는 이름을 불러 주셨으면 좋겠어요.

이모, 요즈음 저는 아침 일찍 일어나서 줄넘기를 해요. 어제는 친구랑 배드민턴도 했어요. 이모, 이번 주 토요일에 우리 집에 오시죠? 오면 나랑 배드민턴 해요.

그럼 이모, 몸 건강하세요. 토요일에 볼게요.

20○○년 ○월 ○일
이은호 올림

📋 이 글에서 줄친 낱말들을 높임말로 바꾸어 써 봅시다.

나 ➤

나를 ➤

말할 ➤

우리 집 ➤

오면 ➤

나랑 ➤

볼게요 ➤

지문, 글 이해 2 (높임말)

📋 다음의 낱말들을 높임말로 바꾸어 써 봅시다. 그리고 바꾼 높임말을 이용하여 문장을 만들어 봅시다.

1. 하다 :
●
2. 온다 :
●
3. 있다 :
●
4. 묻다 :
●
5. 아프다 :
●
6. 밥 :
●
7. 병 :
●
8. 주다 :
●
9. 먹다 :
●
10. 자다 :
●
11. 본다 :
●

📋 다음 글을 읽고 물음에 답해 봅시다.

삼년고개 1

넘어지면 삼 년 밖에 살지 못한다는 <u>삼년고개</u>가 있었어요.
어느 날 할아버지가 삼년고개에서 '쿵'하고 넘어지셨어요.
"아이쿠"
"이 일을 어쩌나, 이제 나는 겨우 삼 년 밖에 살 수 없게 되었구나."
삼 년 밖에 살 수 없다는 걱정 때문에 할아버지는 시름시름 앓아누웠어요.
어느 날 이웃에 사는 영리한 꼬마가 <u>문병</u>을 왔어요.
꼬마는 할아버지의 병을 <u>고칠 수 있다</u>고 말했어요.

1. 할아버지가 삼년고개를 넘다가 어떻게 되었나요?

2. 삼년고개에서 넘어지면 어떻게 된다는 소문이 있었나요?

3. 할아버지는 삼년고개에서 넘어진 후 어떻게 되었나요?

📋 다음 글을 읽고 물음에 답해 봅시다.

삼년고개 2

"할아버지, 삼년고개에 가서서 몇 번 더 넘어지세요."
"예끼 이놈! 어른을 놀리려 드느냐?"
할아버지는 버럭 화를 내며 호통 쳤어요.
그러자 꼬마는 빙그레 웃으며 말했어요.
"한 번 넘어지면 삼 년이요, 두 번 넘어지면 육 년, 세 번이면 구 년을 살잖아요."
그제야 할아버지는 입가에 미소를 지으며 말했어요.
"허허, 듣고 보니 정말 그렇구나."
할아버지는 삼년고개로 가서 자꾸자꾸 넘어지며 좋아했어요.

1. 이웃집 꼬마는 할아버지에게 무슨 말을 했나요?

2. 할아버지는 꼬마의 말을 듣고 기분이 어떠했을까요?

3. 할아버지가 버럭 화를 내었을 때 꼬마의 태도는 어떠하였나요?

4. 꼬마의 말을 듣고 할아버지는 삼년고개에 가서 어떻게 했나요?

📋 다음 글을 읽고 물음에 답해 봅시다.

청개구리의 울음 1

옛날에, 엄마 청개구리와 아들 청개구리가 연못가에서 살고 있었어요.
아들 청개구리는 지독하게 엄마 말을 안 들었어요.
무엇이든 거꾸로 하였어요.
동쪽으로 가라면 서쪽으로 갔어요.
"산에 가면 무서운 뱀이 있으니 연못에서 놀아라."
"싫어요. 그래도 산에 가서 놀래요."
아들 청개구리는 지독하게 엄마 말을 듣지 않았어요.
엄마 청개구리는 무엇이든 거꾸로 하는 아들 때문에 속상했어요.

1. 엄마 청개구리와 아들 청개구리가 살고 있던 곳은 어디인가요?

2. 엄마 청개구리는 왜 산에 못 가게 했나요?

3. 엄마 청개구리가 산에 가지 말라고 했을 때, 아들 청개구리는 어떻게 하였나요?

4. 엄마 청개구리는 왜 속상해했나요?

📋 다음 글을 읽고 물음에 답해 봅시다.

청개구리의 울음 2

그러나 아들 청개구리는 그 까닭을 알지 못했어요.

엄마 청개구리는 결국 큰 병을 얻게 되었어요.

"내가 죽거든 산에다 묻지 말고 냇가에다 묻어 다오."

엄마 청개구리는 거꾸로 말을 듣는 아들 때문에 거꾸로 말했어요.

아들 청개구리는 그제서야 잘못을 뉘우쳤어요.

그래서 엄마의 부탁대로 냇가에다 무덤을 만들었어요.

어느 날 비가 왔어요.

아들 청개구리는 무덤이 떠내려 갈까 봐 밤새도록 울었어요.

"개굴개굴, 개굴개굴……."

그래서 지금도 비가 오면 청개구리는 개굴개굴하고 울어요.

1. 엄마 청개구리는 왜 큰 병을 얻게 되었나요?

2. 엄마 청개구리는 왜 냇가에다 묻어 달라고 하였을까요?

3. 비가 오면 청개구리가 우는 까닭은 무엇일까요?

4. 청개구리의 울음소리를 흉내 내어 보고, 흉내말을 적어 봅시다.

📋 다음 글을 읽고 물음에 답해 봅시다.

> 햇볕이 따사로운 어느 봄날이었습니다. 준미는 마당에서 혼자 소꿉놀이를 하고 있었습니다.
> 그때, 전화가 왔습니다.
> "따르릉, 따르릉!"
> "어, 이건 장난감 전화기인데?"
> 준미는 눈을 동그랗게 떴습니다. 장난감 전화기의 줄은 꽃밭에 있는 개나리 가지에 묶여 있었습니다.

1. 이야기가 이루어진 때는 어느 계절입니까?

　① 봄　　　　　　　② 가을　　　　　　② 여름　　　　　　④ 겨울

2. 준미가 소꿉놀이를 하고 있는 곳은 어디입니까?

　① 교실　　　　　　③ 놀이터　　　　　② 운동장　　　　　④ 마당

3. 준미는 무슨 놀이를 하고 있었습니까?

　① 선생님 놀이　　　② 소꿉놀이　　　　③ 인형놀이　　　　④ 전화놀이

4. '따르릉, 따르릉!'은 무슨 소리입니까?

　① 준미가 노래 부르는 소리　　　　　② 장난감 전화기가 울리는 소리
　③ 자전거가 지나가는 소리　　　　　④ 엄마가 부르는 소리

5. 준미는 왜 눈을 동그랗게 떴을까요?

　① 엄마가 들어오라고 불렀기 때문에　　② 벌레가 지나갔기 때문에
　③ 바람이 세게 불었기 때문에　　　　　④ 장난감 전화기에서 벨소리가 들렸기 때문에

지문, 글 이해 8

📋 다음 글을 읽고 물음에 답해 봅시다.

> 곰 할아버지의 생신이 되었습니다. 숲속 마을 동물들은 곰 할아버지의 댁에 모였습니다.
> "곰 할아버지, 생신을 축하합니다."
> 너구리가 고개 숙여 인사했습니다.
> "할아버지, 건강하게 오래 사시길 빕니다."
> 아기 다람쥐는 꼬리를 흔들며 인사했습니다.
> "그래, 고맙다."
> 곰 할아버지께서 아기 다람쥐의 머리를 쓰다듬으시며 말씀하셨습니다.

1. 누구의 생신잔치에 모인 것일까요?
   ① 너구리   ② 다람쥐   ② 토끼   ④ 곰 할아버지

2. 누가 제일 먼저 축하 인사를 드렸습니까?
   ① 토끼   ② 너구리   ③ 다람쥐   ④ 기린

3. 너구리는 어떻게 인사하였습니까?
   ① 고개를 숙여서   ② 바닥에 엎드려서   ③ 절을 하면서   ④ 악수를 하면서

4. 아기 다람쥐는 어떻게 인사하였습니까?
   ① 공손하게   ② 꼬리를 흔들면서
   ③ 손을 흔들면서   ④ 꼭 껴안으면서

5. 밑줄 친 '생신'은 어떤 말의 높임말입니까?
   ① 명절   ② 나이   ③ 생일   ④ 잔치

📋 다음 글을 읽고 물음에 답해 봅시다.

> 제목을 보고, 나는 얼마 전에 읽은 '토끼의 우주여행'이라는 책이 떠올랐습니다. 그 책은 달나라 토끼들의 모험에 대한 이야기였습니다.
>
> 달나라에 살던 과학자 토끼가 우주로 여행을 떠납니다. 먼저, 지구에 들렀다가 가까운 별나라로 갑니다. 그리고 더 멀리 있는 별을 찾아간다는 이야기입니다.
>
> 그리고 어제 읽은 만화책도 생각났습니다. 그 만화책의 내용은 별나라에 우주인이 살고 있다는 것입니다.

1. 얼마 전에 읽은 책의 제목은 무엇입니까?

   ① 토끼의 여행   ② 토끼의 소풍

   ② 토끼의 우주여행   ④ 토끼의 달나라 여행

2. '토끼의 우주여행' 이라는 책은 어떤 이야기 입니까?

   ① 토끼들이 사는 별의 이야기   ② 토끼들이 소풍가는 이야기

   ③ 별나라 토끼들의 모험이야기   ④ 달나라 토끼들의 모험이야기

3. 우주여행을 떠난 토끼는 누구입니까?

   ① 과학자   ② 선생님   ③ 탐험가   ④ 사냥꾼

4. 우주여행에서 제일 먼저 어디에 들렀나요?

   ① 화성   ② 지구   ③ 해나라   ④ 가까운 별나라

5. 어제 읽은 책의 내용은 무엇입니까?

   ① 과학자 토끼가 우주로 여행가는 이야기   ② 토끼가 지구에 들렀던 이야기

   ③ 달나라에 우주인이 살고 있다는 이야기   ④ 별나라에 우주인이 살고 있다는 이야기

지문, 글 이해 10

📋 다음 글을 읽고 물음에 답해 봅시다.

> 어름치는 맑은 물에 사는 물고기입니다. 어름치는 4월이나 5월이 되면 자갈을 입으로 물어다 강바닥에 모읍니다. 어름치는 왜 강바닥에 자갈을 모을까요?
>
> 어름치는 강바닥에 구덩이를 파고 알을 낳습니다. 그리고 알이 떠내려가지 않도록 자갈을 물어다 탑처럼 쌓아 올립니다.
>
> 어름치는 비가 많이 오는 해에는 자갈을 강의 가장자리에 모읍니다. 그리고 비가 적게 오는 해에는 자갈을 강 한가운데에 모읍니다.

1. 어름치는 어떤 물에 사는 물고기 입니까?

   ① 흐르는 물   ② 바닷물   ② 맑은 물   ④ 깊은 물

2. 어름치는 언제 강바닥에 자갈을 모을까요?

   ① 여름에   ② 4월이나 5월에   ③ 장마철에   ④ 겨울에

3. 어름치는 강바닥에 구덩이를 파고 무엇을 합니까?

   ① 알을 낳는다.   ② 먹이를 모아 놓는다.
   ③ 친구를 부른다.   ④ 청소를 한다.

4. 비가 적게 오는 해에 어름치는 자갈을 어디에 모을까요?

   ① 강의 가장자리에   ② 강둑 위에
   ③ 바위틈에   ④ 강의 한가운데에

5. 어름치는 왜 강바닥에 자갈을 쌓아 올리나요?

   ① 멋있는 집을 만들려고   ② 멀리서도 보이게 하려고
   ③ 알이 떠내려가지 않게 하려고   ④ 먹이를 많이 저장하려고

📋 다음 글을 읽고 물음에 답해 봅시다.

로빈슨 크루소 1

다니엘 디포

"자, 이제 방이 좀 정리되었군. 다음에는 무엇이 필요하지, 로빈슨?"

"글쎄, 의자와 탁자가 있으면 좋겠는걸."

로빈슨은 말상대가 없어 혼자서 말을 주고받는 버릇이 생겼다.

"야단났군. 널빤지와 막대기는 벌써 다 써 버렸단 말이야."

"그럼 숲에서 베어 오면 되지 않아? 몸을 아낄 생각일랑 하지 말아야 해, 로빈슨."

"알았어, 알았어. 자, 그럼 갔다 올게."

로빈슨은 도끼를 들고 숲속으로 갔다. 큰 나무를 베어 깎아서 널빤지와 기둥을 만드는 데에만 한 달이 걸렸다. 그리고 이렇게 저렇게 연구해 가며 의자와 탁자를 만들어 보려고 하였으나, 좀처럼 잘 되지 않았다.

애를 쓴 끝에 겨우 의자 비슷한 것과 탁자 비슷한 것을 만들었다.

그러나 막상 앉아 보니 삐걱거리고 불편하였다. 로빈슨은 몇 번이고 다시 손을 보았다. 그래서 겨우 쓸 만한 한 쌍을 만들었다.

로빈슨은 날마다 한 번씩 개를 데리고 사냥을 하였다. 새나 산토끼, 염소도 가끔 잡아 왔다. 고기는 먹고, 가죽은 벗겨서 말렸다가 옷감으로 썼다. 목수가 하는 일을 비롯해서 사냥이나 바느질까지 혼자 다 하자니 무척 힘들었다. 게다가 불이 없어서 날이 저물면 곧바로 잠자리에 들 수밖에 없었다.

📋 뜻이 비슷한 말을 보기에서 찾아 적어 봅시다. (1~5)

〈보기〉

수리를 하였다, 해가 지면, 매일, 노력한 결과로, 큰일났군

1. "야단났군. 널빤지와 막대기는 벌써 다 써 버렸단 말이야."

2. 애를 쓴 끝에 겨우 의자 비슷한 것과 탁자 비슷한 것을 만들었다.

3. 로빈슨은 날마다 한 번씩 개를 데리고 사냥을 하였다.

4. 로빈슨은 몇 번이고 다시 손을 보았다.

5. 게다가 불이 없어서 날이 저물면 곧바로 잠자리에 들 수밖에 없었다.

6. 글 속에 나타난 주인공의 이름은 무엇입니까?

7. 주인공이 지금 처한 환경을 찾아 적어 봅시다.

로빈슨은 (   ) 혼자서 말을 주고받는 버릇이 생겼다.
로빈슨은 날마다 한 번씩 개를 데리고 (   )을 하였다.
고기는 (   ), 가죽은 벗겨서(   )으로 썼다.
게다가 (   )이 없어서
날이 저물면 곧바로 잠자리에 들 수밖에 없었다.

8. 로빈슨이 혼자서 말을 주고받는 버릇이 생긴 까닭을 찾아 적어 봅시다.

9. 로빈슨이 혼자서 만든 것은 무엇입니까?

10. 로빈슨이 새로 배우게 된 일에는 어떤 것들이 있습니까?

11. 내가 만약 무인도에 혼자 있게 된다면 무엇을 먼저 하고 싶습니까?

📋 다음 글을 읽고 물음에 답해 봅시다.

로빈슨 크루소 2

다니엘 디포

"밤에도 좀 더 일을 할 수 있었으면. 양초나 기름이 있으면 좋으련만……."

로빈슨은 여러 번 시도한 끝에 작은 등잔 하나를 완성하였다. 먼저, 진흙으로 작은 접시를 빚었다. 기름을 찾아보았지만 구할 수 없었다. 생각 끝에 로빈슨은 염소에서 기름을 얻었다. 그리고 식물의 껍질을 벗겨 말린 뒤 이를 꼬아 심지를 만들어 불을 붙이니 어둠을 밝힐 수 있었다.

어느 날 아침, 로빈슨은 짐을 뒤적이다 작은 주머니 하나를 발견하였다. 주머니 안에는 곡식 낟알이 들어 있었다.

"이 낟알은 썩어서 쓸 수가 없겠어."

로빈슨은 썩은 낟알을 들판에 버렸다. 얼마 뒤, 집을 나와 들판을 거닐던 로빈슨은 작고 푸른 싹을 발견하였다.

"아, 이건 싹이야! 얼마 전에 내가 버렸던 낟알에서 싹이 도닸구나!"

로빈슨은 기쁨을 감출 수가 없었다. 한참 동안 싹을 바라보던 로빈슨은 생각하였다.

"어떻게하면곡식을얻을수있을까?"

📋 밑줄 친 부분과 바꾸어 쓸 수 있는 말을 보기에서 찾아 적어 봅시다. (1~5)

───── 〈보기〉 ─────

속에는, 만들었다, 며칠 뒤, 수차례, 궁리한 끝에

1. 로빈슨은 여러 번 시도한 끝에 작은 등잔 하나를 완성하였다.

2. 진흙으로 작은 접시를 빚었다.

3. 생각 끝에 로빈슨은 염소에서 기름을 얻었다.

4. 주머니 안에는 곡식 낟알이 들어 있었다.

5. 얼마 뒤, 집을 나와 들판을 거닐던 로빈슨은 작고 푸른 싹을 발견하였다.

6. 밤에도 일을 하기 위해 로빈슨이 만든 것은 무엇입니까?

7. 로빈슨은 무엇으로 접시를 만들었습니까?

8. 로빈슨이 등잔을 만들기 위해 사용한 것을 모두 찾아 적어 봅시다.

9. 주어진 글을 띄어쓰기에 맞게 다음의 칸에 바르게 적어 봅시다.
   '어떻게하면곡식을얻을수있을까?'

▶

10. 맞춤법이 틀린 부분을 찾아 고쳐 적어 봅시다.
    싹이 도닸구나.　▶　(　　　　　　　　)

11. 싹을 바라보던 로빈슨은 어떤 생각을 하였을까요?

주장과 근거 알기 1

📋 근거와 주장을 바르게 연결해 봅시다. 연결된 근거와 주장을 소리 내서 읽어 봅시다.

※ 글쓴이가 글 속에서 자신의 생각이나 의견을 강하게 드러내는 것을 주장이라고 한다. 주장에 대하여 그렇게 '주장하는 이유'
를 말해 주는 것을 근거라고 한다. 주장과 근거를 알기 위해서는 글을 읽으면서 글쓴이가 '무엇을 하자. 어떻게 하자'는 의견
을 강하게 나타내고 있는 부분을 찾아본다. 이것이 주장이고 그 주장을 하는 이유가 근거이다.

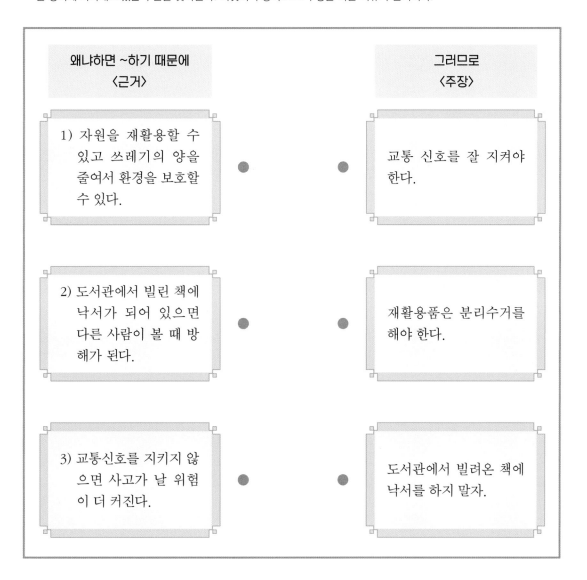

| 왜냐하면 ~하기 때문에 | 그러므로 |
| 〈근거〉 | 〈주장〉 |

1) 자원을 재활용할 수 있고 쓰레기의 양을 줄여서 환경을 보호할 수 있다.

교통 신호를 잘 지켜야 한다.

2) 도서관에서 빌린 책에 낙서가 되어 있으면 다른 사람이 볼 때 방해가 된다.

재활용품은 분리수거를 해야 한다.

3) 교통신호를 지키지 않으면 사고가 날 위험이 더 커진다.

도서관에서 빌려온 책에 낙서를 하지 말자.

주장과 근거 알기 2

📋 다음의 주장에 대한 근거를 적어 봅시다. 근거와 주장을 소리 내서 읽어 봅시다.

1.

주장	공공장소에서 큰소리로 떠들지 말아야 합니다.
근거	왜냐하면

2.

주장	약속 시간을 잘 지켜야 한다.
근거	왜냐하면

3.

주장	외출에서 돌아온 후에는 손을 깨끗이 씻어야 합니다.
근거	왜냐하면

공통점과 차이점 1

📋 다음 두 대상의 공통점과 차이점에 대해 알아봅시다.

1. 설날과 추석

공통점	●	
차이점	●	●

2. 사자와 기린

공통점	●	
차이점	●	●

3. 산과 바다

공통점	●	
차이점	●	●

4. 자동차와 비행기

공통점	●	
차이점	●	●

공통점과 차이점 2

📋 다음 두 대상의 공통점과 차이점에 대해 알아봅시다.

1. 어부와 농부

공통점	●	
차이점	●	●

2. 신문과 방송

공통점	●	
차이점	●	●

3. 소와 돼지

공통점	●	
차이점	●	●

4. 축구공과 농구공

공통점	●	
차이점	●	●

📋 친구들의 키에 대해 비교하는 설명을 보고, 다음 문제에 답해 봅시다.

> 재원이는 원준이보다 크고, 민철이보다는 작습니다. 그리고 승환이는 원준이보다 작습니다. 네 학생 중에서 가장 작은 사람은 누구일까요?

● 앞에 나온 설명을 참고해서 누구의 키가 더 큰지 부등호(<, >)로 표시해 봅시다.

재원 (　　) 원준

민철 (　　) 재원

원준 (　　) 승환

● 앞의 부등호를 참고해서 다음의 빈칸에 친구들의 이름을 적어 봅시다.

(　　　　　) > (　　　　　) > (　　　　　) > (　　　　　)

● 누구의 키가 가장 큽니까? 또 누구의 키가 가장 작습니까?

그림이나 도표 그려 문제 해결하기 2

📋 친구들이 집에서 학교까지 걸어가는 거리에 대해 비교하는 설명을 보고, 다음 문제에 답해 봅시다.

> 재원, 원준, 민철, 승환이는 금성초등학교에 다니는 3학년 남학생들입니다. 모두 걸어서 학교에 다닙니다. 재원이는 원준이보다 더 많이 걸어야 학교에 갈 수 있습니다. 민철이는 승환이보다는 많이 걷지만 원준이보다는 적게 걷습니다. 학교에서 제일 먼 곳에 사는 남학생은 누구입니까?

- 앞에 나온 설명을 참고해서 누가 더 많이 걸어야 학교에 도착할 수 있는지 부등호(<, >)로 표시해 봅시다.

  재원 (   ) 원준

  민철 (   ) 원준

  민철 (   ) 승환

- 앞의 부등호를 참고해서 다음의 빈칸에 친구들의 이름을 적어 봅시다.

  (   ) > (   ) > (   ) > (   )

- 누가 가장 많이 걸어야 학교에 도착할 수 있습니까? 또, 학교에서 가장 가까이에 집이 있는 친구는 누구입니까?

그림이나 도표 그려 문제 해결하기 3

📋 친구들이 슈퍼마켓에 산 물건의 값을 비교하는 설명을 보고, 다음 문제에 답해 봅시다.

> 가영, 다연, 소현, 윤아는 슈퍼마켓으로 물건을 사러 갔습니다. 소현이는 다연이보다 돈을 조금 썼지만, 윤아보다는 많이 썼습니다. 가영이는 소현이보다는 많이 썼지만, 다연이보다는 적게 썼습니다.
>
> ※ 돈을 많이 쓴 사람부터 차례대로 나열해 봅시다.

● 앞에 나온 설명을 참고해서 누가 돈을 더 많이 썼는지 부등호(<, >)로 표시해 봅시다.

소현 (   ) 다연

윤아 (   ) 소현

가영 (   ) 소현

가영 (   ) 다연

● 앞의 부등호를 참고해서 다음의 빈칸에 친구들의 이름을 적어 봅시다.

(   ) > (   ) > (   ) > (   )

● 누가 돈을 가장 많이 썼습니까? 또 누가 가장 적게 썼습니까?

그림이나 도표 그려 문제 해결하기 4

📋 친구들이 공 멀리던지기 시합을 했습니다. 얼마나 멀리 던졌는지 비교하는 설명을 보고, 다음 문제에 답해 봅시다.

> 수진, 경주, 철민, 대호는 공 멀리던지기 시합을 했습니다.
> 수진이는 철민이보다 멀리 던지지 못했습니다.
> 경주는 수진이보다 멀리 던지지 못했지만, 대호보다는 멀리 던졌습니다. 누가 공을 제일 멀리 던졌을까요?

● 앞에 나온 설명을 참고해서 누가 공을 더 멀리 던졌는지 부등호(<, >)로 표시해 봅시다.

수진 (   ) 철민

경주 (   ) 수진

경주 (   ) 대호

● 앞의 부등호를 참고해서 다음의 빈칸에 친구들의 이름을 적어 봅시다.

(   ) > (   ) > (   ) > (   )

● 누가 가장 멀리 공을 던졌습니까? 또 누구의 공이 가장 가깝게 떨어졌습니까?

그림이나 도표 그려 문제 해결하기 5

📋 친구들이 운동장에 한 줄로 나란히 서 있다. 다음의 설명을 보고, 수직선에 각 친구들의 위치를 나타내 봅시다.

> 지수의 왼쪽으로 6칸 떨어져 있는 곳에 은우가 있다.
> 은우의 오른쪽으로 3칸 떨어진 곳에 수진이가 있다.
> 영환이는 지수로부터 오른쪽으로 2칸, 수진이에게서는 5칸 떨어져 있다.

← 왼쪽   오른쪽 →

지수

- 지수의 왼쪽으로 6칸 떨어져 있는 눈금 위에 동그라미를 하고, 눈금 밑에 은우라고 적어 봅시다.

- 은우의 오른쪽으로 3칸 떨어진 있는 눈금 위에 동그라미를 하고, 눈금 밑에 수진이라고 적어 봅시다.

- 지수의 오른쪽으로 2칸 떨어져 있는 눈금 위에 동그라미를 하고, 눈금 밑에 영환이라고 적어 봅시다.

- 영환이의 자리에서 왼쪽으로 5칸을 가면 수진이의 자리가 있습니까?

- 왼편부터 차례대로 은우, 지수, 수진, 영환이의 이름들을 적어 봅시다.

(   ) – (   ) – (   ) – (   )

그림이나 도표 그려 문제 해결하기 6

다음 표를 이용하여 문제를 해결해 봅시다. 주어진 조건에 맞는지 각 칸에 ○, ×표를 하면서 답을 찾아봅시다.

1. 준석이, 영주, 소라는 우주비행사, 디자이너, 건축가입니다. 이들의 직업은 각각 무엇일까요?

   ● 소라는 우주비행사도 아니고 디자이너도 아니다.

   ● 영주는 우주비행사가 아니다.

	준석	영주	소라
우주비행사			
디자이너			
건축가			

2. 선생님이 현호, 보미, 보영이에게 선물을 사 주셨습니다. 누구에게 어떤 선물을 주셨는지 알아봅시다.

   ● 현호에게 주신 선물은 살아 있다.

   ● 보영이는 아직 어리기 때문에 시계를 볼 줄 모른다.

	금붕어	운동화	시계
현호			
보미			
보영			

그림이나 도표 그려 문제 해결하기 7

📋 다음 표를 이용하여 문제를 해결해 봅시다. 주어진 조건에 맞는지 각 칸에 ◯, ×표 또는 숫자를 적으면서 답을 찾아봅시다.

1. 광민, 연주, 희경이는 의사, 요리사 그리고 화가입니다.

  ● 희경이는 그림 그리는 것을 싫어한다.

  ● 광민이는 요리사도 아니고 화가도 아니다.

	의사	요리사	화가
광민			
연주			
희경			

2. 병수, 종우, 명호가 가지고 있는 학용품은 모두 합쳐서 9개의 연필과 6개의 지우개이다.

  ● 병수는 3개의 지우개를 갖고 있고, 종우는 3개의 연필을 갖고 있다.

  ● 병수가 가진 학용품은 모두 4개이고, 종우는 병수보다 1개 더 갖고 있다.

  ● 명호는 병수의 연필 수와 같은 지우개를 갖고 있다.

  ● 병수, 종우, 명호는 각각 몇 개의 연필과 지우개를 갖고 있는가?

	병수	종우	명호
연필			
지우개			

수학적 사고력이란

수학은 우리의 일상적인 삶과 매우 밀접하게 연관되어 있다. 식사준비를 위해 가족들의 수만큼 숟가락과 젓가락을 놓고, 양말을 넣기 위해 짝을 맞추고, 체중계 위에서 몸무게를 재고, 음식을 만들기 위해 계량스푼을 사용하고, 집을 지을 때 면적과 필요한 자재들을 구입할 때도, 강을 가로지르는 다리를 건설할 때도, 라디오를 조립하거나 컴퓨터를 만들 때도, KTX나 우주선을 만들 때도 수학을 사용한다. 사물의 구체적인 특성 대부분을 수학으로 설명할 수 있으며, 또한 수학은 가장 추상적인 개념이라고 볼 수 있다. 수학은 경계선 지적 기능 아동 · 청소년뿐만 아니라 학생 대부분이 어려워하여 수학을 학습하는 데 있어 다양한 문제에 부딪치곤 한다. 그러나 가장 어려워하는 이들은 수학 학습에 필요한 추상적인 사고기술과 문제해결 능력이 부족한 특징을 갖고 있는 경계선 지적 기능 아동 · 청소년이다.

수학을 이해하고 그것을 주변의 문제에 적용할 때 기본적으로 뒷받침되어야 하는 것이 연산 능력이다. 수에 대한 이해나 수를 이용한 계산은 학교에 입학하기도 전에 모든 학생이 일상생활에서 매일 경험하며 수학의 다른 영역의 기초가 되는 매우 중요한 부분이다.

경계선 지적 기능을 가진 아동 · 청소년의 수학적 사고력

경계선 지적 기능 아동 · 청소년이 학교를 졸업한 후에도 일상생활이나 직장생활에서 수학적 지식이 필요 상황에 대처하기 위해서는 미리 충분한 수학적 지식을 갖출 필요가 있다. 성인의 삶에 필요한 산수는 그리 많지 않으며 성인에게 방해가 되는 거의 모든 숫자적인 문제는 돈과 시간에 관련된 것이라고 한다. 수학의 실용적인 측면에서 기본적인 수 개념의 이해, 간단한 연산, 암산, 돈 계산, 시계 보기 등의 기술들은 이후의 자립과 효율적인 삶에 필수적인 기술이다.

읽기나 수학은 현재 경계선 지적 기능 아동 · 청소년이 학교에서 배우고 있는 학교진도에 최대한 맞춰 갈 수 있도록 지도하는 것이 가장 바람직하다. 그러나 또래와의 수준 차이가 크고, 수학에 흥미를 보이지 않을 때에는 수학적 사고력을 키울 수 있는 활동 위주로 접근할 수 있다. 일상생활과 자립에서 필요한 간단하지만 중요한 수학적 기술들을 능숙하게 구사하는 데 힘써야 할 것이다.

활동 목표

1. 수학 관련 활동에서 성취경험을 하고, 수의 규칙에 대해 이해하며, 수학적으로 논리적인 사고를 연습한다.
2. 일상생활과 자립에 필요한 간단하지만 중요한 수학적 개념과 기술들을 능숙하게 구사하기 위한 훈련을 한다.

수의 규칙 이해 1

📋 다음 각 줄에 있는 숫자를 보고, 규칙을 생각해 내서 빈칸에 알맞은 숫자를 적어 봅시다.

1.

		4		8	

2.

9		12			16

3.

15			20		

4.

		28			32

5.

	47			51	

6.

	63		66		

7.

		89			93

8.

	49				55

9.

	20		60		

수의 규칙 이해 2

다음 각 줄에 있는 숫자를 보고, 규칙을 생각해 내서 빈칸에 알맞은 숫자를 적어 봅시다.

1.

	30				80	

2.

11			41			81

3.

15				65		

4.

	23			53		83

5.

		40			80	

6.

		55		85	105

7.

		58				98

8.

	49					109

9.

		31		61	

수의 규칙 이해 3

❷ 수학적 사고력

📋 다음 각 줄에 있는 숫자를 보고, 규칙을 생각해 내서 빈칸에 알맞은 숫자를 적어 봅시다.

1.

	4	8	12		

2.

3		9		18	

3.

	10		20		35	

4.

4		12		24	

5.

	12		24		42	

6.

7			28		42	

7.

	16			40			64

8.

		27			54		72

9.

			50			90

117

수의 규칙 이해 4

📋 다음 각 줄에 있는 숫자를 보고, 규칙을 생각해 내서 빈칸에 알맞은 숫자를 적어 봅시다.

1.

	21				61		81

2.

		12			15		17

3.

15					65		

4.

	36						96

5.

		50				54	

6.

		12			15		17

7.

			62				66

8.

23							93

9.

	11					61	

📋 다음 각 줄에 있는 숫자를 보고, 규칙을 생각해 내서 빈칸에 알맞은 숫자를 적어 봅시다.

1.

		14				18	

2.

2			8				16

3.

15		25				45	

4.

	14		28		42		

5.

		47				51	

6.

	6			15			24

7.

			89				93

8.

	27				63		81

9.

30							100

5의 보수 익히기 1

※ 보수: 어떤 수에 대해 부족한 부분을 보충하는 수.
예) 5진법에서 2의 보수는 3, 4의 보수는 1이다. 7진법에서 7의 보수는 0, 2의 보수는 5다. 10진
법에서 7의 보수는 3이며, 5의 보수는 5다.

📋 두 수를 더해서 5가 되려면 다음의 빈칸에 어떤 수가 들어갈지 적어 봅시다.

$2 + \boxed{} = 5$ $3 + \boxed{} = 5$

$1 + \boxed{} = 5$ $1 + \boxed{} = 5$

$3 + \boxed{} = 5$ $5 + \boxed{} = 5$

$2 + \boxed{} = 5$ $0 + \boxed{} = 5$

$5 + \boxed{} = 5$ $4 + \boxed{} = 5$

$0 + \boxed{} = 5$ $2 + \boxed{} = 5$

$1 + \boxed{} = 5$ $3 + \boxed{} = 5$

$4 + \boxed{} = 5$ $1 + \boxed{} = 5$

$3 + \boxed{} = 5$ $3 + \boxed{} = 5$

$5 + \boxed{} = 5$ $0 + \boxed{} = 5$

5의 보수 익히기 2

2 수학적 사고력

📋 두 수를 더해서 5가 되려면 다음의 빈칸에 어떤 수가 들어갈지 적어 봅시다.

$\square + 2 = 5$	$\square + 4 = 5$
$\square + 1 = 5$	$\square + 2 = 5$
$\square + 4 = 5$	$\square + 0 = 5$
$\square + 0 = 5$	$\square + 1 = 5$
$\square + 3 = 5$	$\square + 3 = 5$
$\square + 2 = 5$	$\square + 2 = 5$
$\square + 1 = 5$	$\square + 4 = 5$
$\square + 5 = 5$	$\square + 5 = 5$
$\square + 0 = 5$	$\square + 0 = 5$
$\square + 3 = 5$	$\square + 2 = 5$

7의 보수 익히기 1

📋 두 수를 더해서 7이 되려면 다음의 빈칸에 어떤 수가 들어갈지 적어 봅시다.

$2 + \boxed{} = 7$ $6 + \boxed{} = 7$

$1 + \boxed{} = 7$ $1 + \boxed{} = 7$

$3 + \boxed{} = 7$ $5 + \boxed{} = 7$

$2 + \boxed{} = 7$ $0 + \boxed{} = 7$

$7 + \boxed{} = 7$ $4 + \boxed{} = 7$

$6 + \boxed{} = 7$ $2 + \boxed{} = 7$

$3 + \boxed{} = 7$ $3 + \boxed{} = 7$

$4 + \boxed{} = 7$ $0 + \boxed{} = 7$

$5 + \boxed{} = 7$ $6 + \boxed{} = 7$

$0 + \boxed{} = 7$ $4 + \boxed{} = 7$

📋 두 수를 더해서 7이 되려면 다음의 빈칸에 어떤 수가 들어갈지 적어 봅시다.

$\square + 2 = 7$　　　$\square + 4 = 7$

$\square + 1 = 7$　　　$\square + 6 = 7$

$\square + 4 = 7$　　　$\square + 0 = 7$

$\square + 0 = 7$　　　$\square + 1 = 7$

$\square + 3 = 7$　　　$\square + 7 = 7$

$\square + 5 = 7$　　　$\square + 2 = 7$

$\square + 6 = 7$　　　$\square + 4 = 7$

$\square + 5 = 7$　　　$\square + 5 = 7$

$\square + 7 = 7$　　　$\square + 0 = 7$

$\square + 3 = 7$　　　$\square + 2 = 7$

※ 더해서 10이 되는 수에 대해 익숙해지면 이후의 연산이나 돈 계산, 시간 계산 등을 학습하는 데 도움이 된다.

🗒 10이 되려면 다음의 빈칸에 어떤 수가 들어갈지 적어 봅시다.

$$8 + \boxed{} = 10 \qquad\qquad 7 + \boxed{} = 10$$

$$5 + \boxed{} = 10 \qquad\qquad 1 + \boxed{} = 10$$

$$3 + \boxed{} = 10 \qquad\qquad 9 + \boxed{} = 10$$

$$1 + \boxed{} = 10 \qquad\qquad 0 + \boxed{} = 10$$

$$4 + \boxed{} = 10 \qquad\qquad 4 + \boxed{} = 10$$

$$6 + \boxed{} = 10 \qquad\qquad 5 + \boxed{} = 10$$

$$7 + \boxed{} = 10 \qquad\qquad 3 + \boxed{} = 10$$

$$2 + \boxed{} = 10 \qquad\qquad 8 + \boxed{} = 10$$

$$9 + \boxed{} = 10 \qquad\qquad 6 + \boxed{} = 10$$

$$3 + \boxed{} = 10 \qquad\qquad 7 + \boxed{} = 10$$

10의 보수 익히기 2

2 수학적 사고력

📋 10이 되려면 다음의 빈칸에 어떤 수가 들어갈지 적어 봅시다.

☐ + 5 = 10	☐ + 9 = 10
☐ + 7 = 10	☐ + 2 = 10
☐ + 2 = 10	☐ + 6 = 10
☐ + 8 = 10	☐ + 9 = 10
☐ + 6 = 10	☐ + 1 = 10
☐ + 4 = 10	☐ + 5 = 10
☐ + 7 = 10	☐ + 8 = 10
☐ + 8 = 10	☐ + 0 = 10
☐ + 9 = 10	☐ + 4 = 10
☐ + 6 = 10	☐ + 7 = 10

10을 모으기

📋 10이 되려면 다음의 빈칸에 어떤 수를 넣어서 모아야 할지 적어 봅시다.

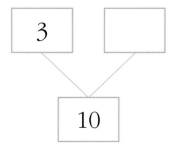

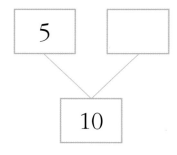

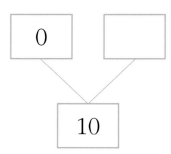

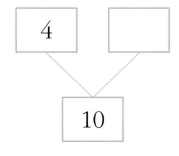

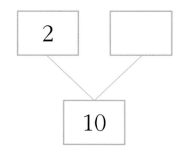

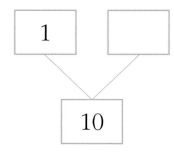

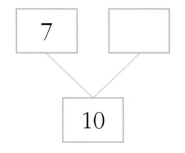

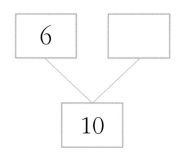

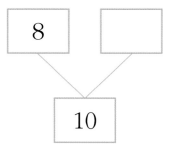

📋 10을 가르면 어떤 수들로 가를 수 있는지 빈칸에 숫자를 적어 봅시다.

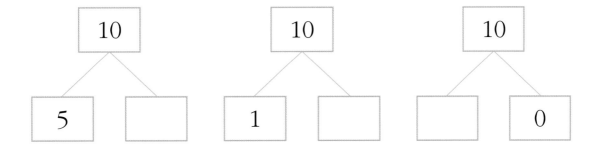

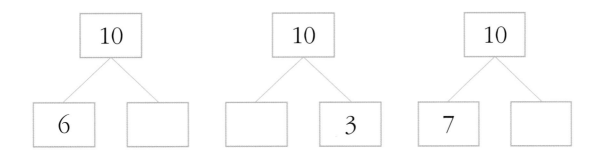

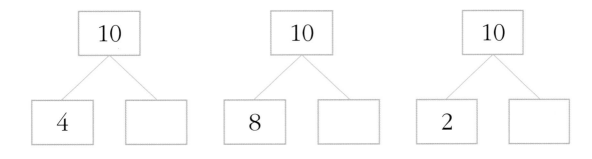

10의 보수 활용하기

10에서 어떤 수를 빼면 주어진 답이 나올지 빈칸에 수를 적어 봅시다.

10 − ☐ = 8   10 − ☐ = 7

10 − ☐ = 5   10 − ☐ = 1

10 − ☐ = 3   10 − ☐ = 9

10 − ☐ = 9   10 − ☐ = 0

10 − ☐ = 6   10 − ☐ = 4

10 − ☐ = 4   10 − ☐ = 5

10 − ☐ = 7   10 − ☐ = 3

10 − ☐ = 2   10 − ☐ = 8

10 − ☐ = 1   10 − ☐ = 6

10 − ☐ = 3   10 − ☐ = 7

📋 손가락을 이용하지 말고 머릿속으로 생각해서 다음의 연산 문제를 해결해 봅시다.

(더해서 10이 되는 수에 ○표를 하고 나머지 덧셈을 할 수 있도록 연습한다.)

$3 + 7 + 2 =$ $7 + 3 + 7 =$

$5 + 5 + 7 =$ $1 + 8 + 2 =$

$3 + 7 + 3 =$ $9 + 1 + 9 =$

$1 + 9 + 4 =$ $0 + 5 + 5 =$

$4 + 6 + 2 =$ $4 + 7 + 3 =$

$6 + 4 + 3 =$ $5 + 5 + 5 =$

$7 + 3 + 5 =$ $3 + 4 + 6 =$

$2 + 8 + 1 =$ $8 + 9 + 1 =$

$9 + 1 + 4 =$ $6 + 2 + 8 =$

$3 + 7 + 2 =$ $1 + 7 + 3 =$

암산 연습하기 2

📋 손가락을 이용하지 말고 머릿속으로 생각해서 다음의 연산 문제를 해결해 봅시다.
(더해서 10이 되는 수에 ○표를 하고 나머지 뺄셈을 할 수 있도록 연습한다.)

$3 + 7 - 2 =$	$7 + 3 - 7 =$
$5 + 5 - 7 =$	$2 + 8 - 2 =$
$3 + 7 - 3 =$	$9 + 1 - 9 =$
$1 + 9 - 4 =$	$5 + 5 - 0 =$
$4 + 6 - 2 =$	$3 + 7 - 4 =$
$6 + 4 - 3 =$	$5 + 5 - 5 =$
$7 + 3 - 5 =$	$6 + 4 - 3 =$
$2 + 8 - 1 =$	$1 + 9 - 8 =$
$9 + 1 - 4 =$	$8 + 2 - 3 =$
$3 + 7 - 2 =$	$3 + 7 - 1 =$

📋 손가락을 이용하지 말고 머릿속으로 생각해서 다음의 연산 문제를 해결해 봅시다.

$7 - 3 + 5 =$ $8 - 3 - 1 =$

$6 - 5 + 8 =$ $2 + 5 - 3 =$

$8 - 2 - 3 =$ $9 - 2 + 9 =$

$2 + 5 - 4 =$ $7 - 5 + 3 =$

$5 + 6 - 2 =$ $6 - 5 + 4 =$

$8 - 3 - 3 =$ $2 + 7 - 5 =$

$4 + 3 - 2 =$ $4 + 3 - 6 =$

$3 + 7 - 1 =$ $7 - 2 + 8 =$

$9 - 4 - 3 =$ $8 + 4 - 3 =$

$7 + 2 - 3 =$ $3 + 5 - 1 =$

연산 연습하기 - 좌표점 찾기 1

🗒 연산을 해서 정답에 해당하는 숫자의 좌표점 찾고, 점을 연결해서 그림을 그려 봅시다.

● 각 장마다 1~10까지의 숫자가 표시된 자료판이 있습니다.

좌표점 찾기
좌표판의 맨 위쪽은 1~10까지의 숫자가 표시되어 있습니다. 그리고 각각의 가로선은 첫 번째 숫자를 시작점으로 하여 10단위로 커집니다(11, 21, 31, 41, …).
예) 숫자 57은 51로 시작되는 가로선과 7이 표시되어 있는 세로선이 만나는 지점에서 찾을 수 있습니다. 숫자 24는 21로 시작되는 가로선과 4가 표시되어 있는 세로선이 만나는 지점입니다.

그림찾기
문제1(10+25=35)을 풀어서 좌표점 35에 표시합니다
문제2(30+7=37)을 풀어서 좌표점 37에 표시하고 문제1의 답에 해당하는 점 35와 연결을 합니다. 이와 같은 방법으로 나머지 문제들을 풀고 그 답에 해당하는 점을 차례로 연결합니다. 정답을 모두 연결해 보면 아래와 같이 작은 집의 형태가 나타납니다. 각 장마다 숨어 있는 그림들은 단계별로 어려워집니다.

 예
1) 10+25=35

2) 30+7=37

3) 10+17=27

4) 10+6=16

5) 20+5=25

6) 20+15=35

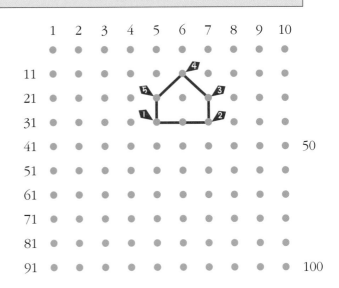

	1	2	3	4	5	6	7	8	9	10
	●	●	●	●	●	●	●	●	●	●
11	●	●	●	●	●	●	●	●	●	●
21	●	●	●	●	●	●	●	●	●	●
31	●	●	●	●	●	●	●	●	●	●
41	●	●	●	●	●	●	●	●	●	50
51	●	●	●	●	●	●	●	●	●	●
61	●	●	●	●	●	●	●	●	●	●
71	●	●	●	●	●	●	●	●	●	●
81	●	●	●	●	●	●	●	●	●	●
91	●	●	●	●	●	●	●	●	●	100

1) $60 + 8 =$

2) $50 + 7 =$

3) $60 + 6 =$

4) $40 + 5 =$

5) $65 - 1 =$

6) $50 + 3 =$

7) $33 - 1 =$

8) $63 - 1 =$

9) $80 + 3 =$

10) $95 - 1 =$

11) $90 + 7 =$

12) $80 + 8 =$

13) $70 - 1 =$

14) $50 - 1 =$

15) $60 + 8 =$

16) $28 - 1 =$

17) $20 - 2 =$

18) $9 + 8 =$

19) $10 - 4 =$

20) $10 - 5 =$

21) $8 + 6 =$

22) $19 + 5 =$

23) $40 + 3 =$

24) $50 + 3 =$

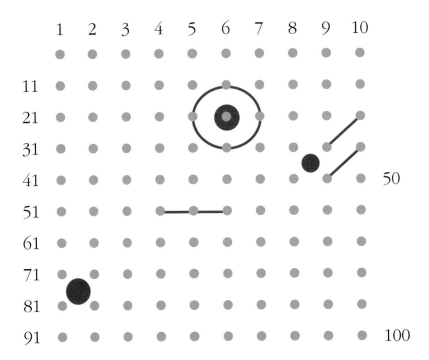

70 + 5 =			30 + 2 =			85 + 1 =
50 + 6 =			50 + 4 =			70 + 6 =
45 + 2 =			63 − 1 =			55 + 2 =
20 + 8 =			70 + 1 =			50 − 1 =
19 − 1 =			90 + 1 =			40 − 1 =
9 − 2 =			94 − 1 =			45 + 2 =
9 − 4 =			70 + 5 =			
9 + 4 =			90 + 5 =			

```
        1    2    3    4    5    6    7    8    9   10
        ●    ●    ●    ●    ●    ●    ●    ●    ●    ●
   11   ●    ●    ●    ●    ●    ●    ●    ●    ●    ●
   21   ●    ●    ●    ●    ●    ●    ●    ●    ●    ●
   31   ●    ●    ●    ●    ●    ●    ●    ●    ●    ●
   41   ●    ●    ●    ●    ●    ●    ●    ●    ●    ●   50
   51   ●    ●    ●    ●    ●    ●    ●    ●    ●    ●
   61   ●    ●    ●    ●    ●    ●    ●    ●    ●    ●
   71   ●    ●    ●    ●    ●    ●    ●    ●    ●    ●
   81   ●    ●    ●    ●    ●    ●    ●    ●    ●    ●
   91   ●    ●    ●    ●    ●    ●    ●    ●    ●    ●  100
```

$55 - 3 =$	$60 - 2 =$	$32 + 7 =$
$30 + 13 =$	$50 - 2 =$	$15 + 3 =$
$45 - 1 =$	$30 + 7 =$	$16 - 10 =$
$40 + 15 =$	$35 - 2 =$	$12 - 8 =$
$75 - 1 =$	$30 + 12 =$	$25 - 13 =$
$60 + 16 =$	$70 + 2 =$	$28 + 3 =$
$40 + 15 =$	$90 + 4 =$	$40 + 21 =$
$30 + 16 =$	$95 + 1 =$	$50 + 22 =$
$40 + 7 =$	$70 - 1 =$	

연산 연습하기 – 좌표점 찾기 5

	1	2	3	4	5	6	7	8	9	10
	●	●	●	●	●	●	●	●	●	●
11	●	●	●	●	●	●	●	●	●	●
21	●	●	●	●	●	●	●	●	●	●
31	●	●	●	●	●	●	●	●	●	●
41	●	●	●	●	●	●	●	●	●	●	50
51	●	●	●	●	●	●	●	●	●	●
61	●	●	●	●	●	●	●	●	●	●
71	●	●	●	●	●	●	●	●	●	●
81	●	●	●	●	●	●	●	●	●	●
91	●	●	●	●	●	●	●	●	●	●	100

$46 - 4 =$	$10 + 8 =$	$1 + 50 =$
$30 + 23 =$	$30 - 2 =$	$45 - 3 =$
$35 + 20 =$	$30 + 7 =$	$30 - 8 =$
$20 + 26 =$	$70 + 30 =$	$20 - 7 =$
$20 + 6 =$	$24 + 40 =$	$20 - 5 =$
$10 + 5 =$	$50 + 23 =$	
$16 - 10 =$	$83 - 11 =$	
$10 - 3 =$	$60 + 1 =$	

	1	2	3	4	5	6	7	8	9	10
	●	●	●	●	●	●	●	●	●	●
11	●	●	●	●	●	●	●	●	●	●
21	●	●	●	●	●	●	●	●	●	●
31	●	●	●	●	●	●	●	●	●	●
41	●	●	●	●	●	●	●	●	●	● 50
51	●	●	●	●	●	●	●	●	●	●
61	●	●	●	●	●	●	●	●	●	●
71	●	●	●	●	●	●	●	●	●	●
81	●	●	●	●	●	●	●	●	●	●
91	●	●	●	●	●	●	●	●	●	● 100

$10 + 12 =$ $5 + 80 =$ $50 - 7 =$

$27 + 3 =$ $70 - 6 =$ $45 - 23 =$

$40 + 9 =$ $50 + 13 =$ $30 - 17 =$

$20 + 17 =$ $5 + 30 =$ $16 + 10 =$

$9 + 60 =$ $26 + 10 =$ $20 - 1 =$

$70 - 2 =$ $40 - 3 =$ $16 + 14 =$

$47 + 40 =$ $30 - 4 =$

$30 + 16 =$ $15 + 20 =$

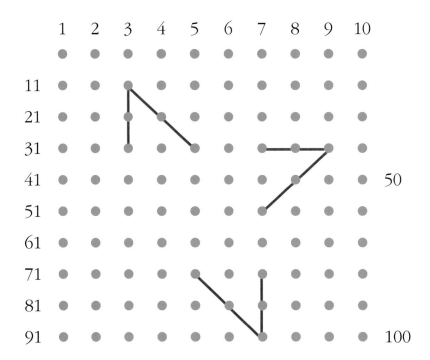

$6 \times 9 - 1 =$

$5 \times 6 + 1 =$

$5 \times 6 + 3 =$

$5 \times 10 + 5 =$

$5 \times 7 + 0 =$

$3 \times 5 + 2 =$

$4 \times 9 + 1 =$

$7 \times 8 - 1 =$

$8 \times 7 + 1 =$

$9 \times 9 - 2 =$

$9 \times 3 + 50 =$

$9 \times 5 + 10 =$

$9 \times 8 + 3 =$

$9 \times 7 + 30 =$

$8 \times 9 + 1 =$

$9 \times 6 + 1 =$

$8 \times 7 - 3 =$

$8 \times 9 - 1 =$

$9 \times 8 + 1 =$

	1	2	3	4	5	6	7	8	9	10
	●	●	●	●	●	●	●	●	●	●
11	●	●	●	●	●	●	●	●	●	●
21	●	●	●	●	●	●	●	●	●	●
31	●	●	●	●	●	●	●	●	●	●
41	●	●	●	●	●	●	●	●	●	● 50
51	●	●	●	●	●	●	●	●	●	●
61	●	●	●	●	●	●	●	●	●	●
71	●	●	●	●	●	●	●	●	●	●
81	●	●	●	●	●	●	●	●	●	●
91	●	●	●	●	●	●	●	●	●	● 100

$4 \times 9 + 2 =$

$(10 + 3) \times 3 =$

$7 \times 7 =$

$6 \times 8 =$

$4 \times 7 =$

$6 \times 5 =$

$9 \times 6 - 4 =$

$7 \times 8 + 3 =$

$9 \times 7 + 4 =$

$9 \times 8 + 4 =$

$6 \times 3 + 60 =$

$8 \times 7 + 30 =$

$9 \times 9 + 2 =$

$9 \times 8 - 1 =$

$8 \times 8 + 9 =$

$9 \times 7 - 1 =$

$(8 \times 6) - 7 =$

$(9 \times 2) + 3 =$

$7 \times 4 =$

돈 계산 1

📋 다음의 동전을 모두 합치면 얼마인지 말해 봅시다.

1.   =   원

---

2.   =   원

---

3.   =   원

---

4.   =   원

---

5.   =   원

---

6.   =   원

돈 계산 2

❷ 수학적 사고력

📋 다음의 동전을 모두 합치면 얼마인지 말해 봅시다.

1. (500)(500)(50)(10)　　　　　=　　　　원

2. (500)(100)(100)(10)(10)　　　=　　　　원

3. (500)(500)(500)(100)(10)(10)(10)　=　　원

4. (500)(500)(50)(10)(10)　　　=　　　　원

5. (500)(500)(100)(50)(10)　　　=　　　　원

6. (500)(500)(500)(500)(100)(100)　=　　원

141

돈 계산 3

📋 다음의 동전을 모두 합치면 얼마인지 말해 봅시다.

1.   =   　　　원

2.   =   　　　원

3.   =   　　　원

4.   =   　　　원

5.   =   　　　원

6.   =   　　　원

📋 다음의 지폐를 모두 합치면 얼마인지 말해 봅시다.

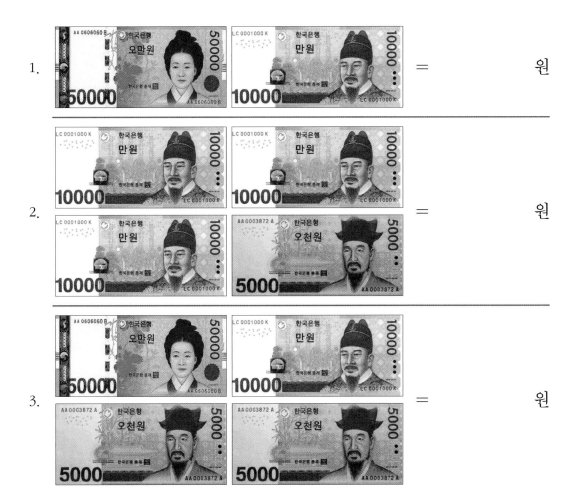

1.   =   원

2.   =   원

3.   =   원

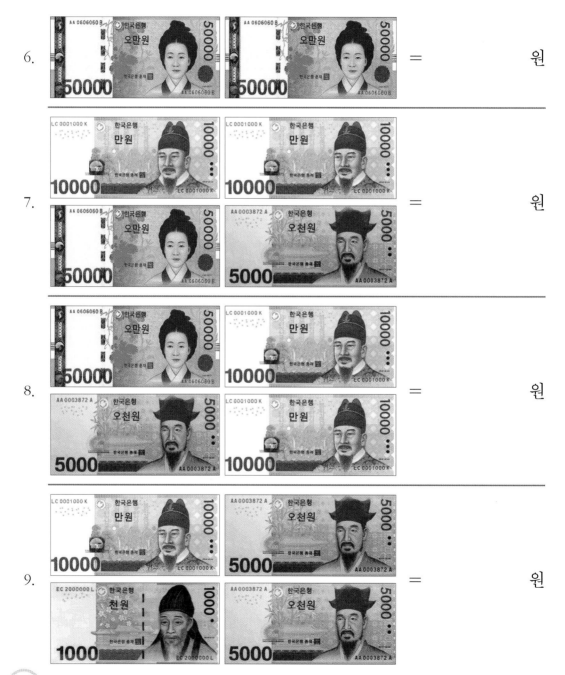

6.   =   원

7.   =   원

8.   =   원

9.   =   원

돈 계산 6

📋 화폐(돈)를 모두 합치면 얼마인지 말해 봅시다.

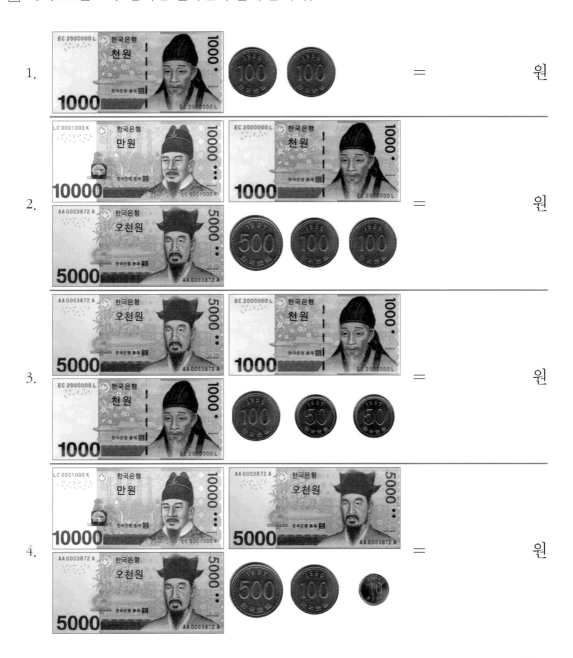

1. = 원

2. = 원

3. = 원

4. = 원

돈 계산 7

📋 화폐(돈)를 모두 합치면 얼마인지 말해 봅시다.

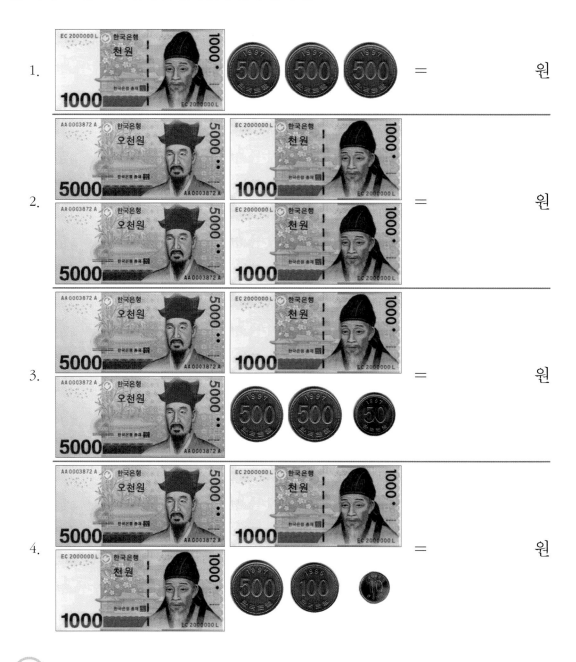

1.   =   원

2.   =   원

3.   =   원

4.   =   원

📋 화폐(돈)를 모두 합치면 얼마인지 말해 봅시다.

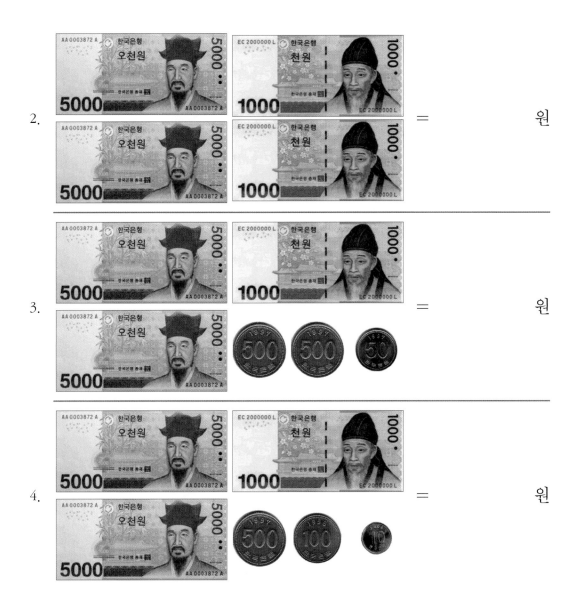

2.　　　　　　　　　　　　　　　　　=　　　　　　원

3.　　　　　　　　　　　　　　　　　=　　　　　　원

4.　　　　　　　　　　　　　　　　　=　　　　　　원

화폐 활용하기 1

다음의 화폐 그림을 복사해서 슈퍼마켓 놀이, 택시타기 놀이, 보드게임 등에 활용해 봅시다.

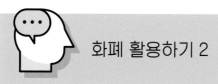

화폐 활용하기 2

❷ 수학적 사고력

📋 다음의 화폐 그림을 복사해서 슈퍼마켓 놀이, 택시타기 놀이, 보드게임 등에 활용해 봅시다.

500	500	500	500	500
500	500	500	500	500
100	100	100	100	100
100	100	100	100	100
100	100	100	100	100
50	50	50	50	50
50	50	50	50	50
10	10	10	10	10
10	10	10	10	10

149

돈계산의 실제 1

📋 희성이와 영준이는 떡볶이집에 갔습니다. 떡볶이 1인분, 튀김 1인분, 어묵 1인분을
주문해서 함께 맛있게 먹었습니다. 다 먹고 나서 이제 음식값을 지불하고 집으로 돌
아가려 합니다. 다음의 메뉴판을 보고 영준이와 희성이가 지불해야 할 음식 값이 모
두 얼마인지 알아봅시다.

맛있다 떡볶이 메뉴판

떡볶이(1인분)	2,000원	튀김(1인분)	3,000원
순대(1인분)	2,500원	김밥(1인분)	2,500원
군만두(1인분)	3,000원	라면(1인분)	2,500원
어묵(1인분)	2,000원	주먹밥(1인분)	1,500원

---

1. 영준이와 희성이가 주문한 음식의 종류는 무엇이며, 각각의 가격은 얼마입니까?

2. 주문한 음식의 값을 모두 더하면 얼마입니까?

3. 영준이와 희성이가 똑같이 나누어 음식값을 지불하려고 합니다. 얼마씩 내면 될까요?

재원이는 '맛있다 떡볶이'에서 친구 네 명에게 떡볶이를 사 주기로 했습니다. 떡볶이 2인분, 순대 2인분, 라면 2인분을 주문해서 함께 맛있게 먹었습니다. 다 먹고 나서 이제 음식값을 지불하고 집으로 돌아가려 합니다. 재원이의 지갑에는 만 원짜리 2장이 들어 있습니다. 재원이는 음식값으로 얼마를 내고 거스름돈은 얼마를 받아야 할까요?

맛있다 떡볶이 메뉴판			
떡볶이(1인분)	2,000원	튀김(1인분)	3,000원
순대(1인분)	2,500원	김밥(1인분)	2,500원
군만두(1인분)	3,000원	라면(1인분)	2,500원
어묵(1인분)	2,000원	주먹밥(1인분)	1,500원

1. 주문한 음식의 종류와 각 음식의 값은 얼마입니까?

2. 주문한 음식의 값을 모두 더하면 얼마입니까?

3. 재원이는 지갑에 있던 20,000원을 꺼내서 주인에게 냈습니다. 거스름돈을 얼마를 받아야 하나요?

돈계산의 실제 3

🗒 '맛있다 떡볶이'의 메뉴판을 보고, 다음과 같이 주문했을 때 음식값이 모두 얼마인지 계산해 봅시다.

맛있다 떡볶이 메뉴판			
떡볶이(1인분)	2,000원	튀김(1인분)	3,000원
순대(1인분)	2,500원	김밥(1인분)	2,500원
군만두(1인분)	3,000원	라면(1인분)	2,500원
어묵(1인분)	2,000원	주먹밥(1인분)	1,500원

1. '떡볶이 3인분, 주먹밥 3인분, 군만두 1인분'을 주문했을 때의 음식값은 모두 얼마입니까?

2. '순대 3인분, 김밥 2인분, 어묵 1인분, 라면 1인분'을 주문했을 때의 음식값은 모두 얼마입니까?

3. '떡볶이 2인분, 김밥 4인분, 주먹밥 4인분, 튀김 3인분'을 주문했을 때의 음식값은 모두 얼마입니까?

🖹 지윤이는 토요일에 텔레비전을 보았습니다. 오후 4시부터 보기 시작하여 오후 5시 40분까지 보았습니다. 지윤이가 텔레비전을 본 시간은 몇 시간 몇 분일까요?

1. 텔레비전을 보기 시작한 시각은 [   ] 입니다.

2. 텔레비전 보기를 끝낸 시각은 [   ] 입니다.

3. 텔레비전을 본 시간은 [   ] 입니다.

🖹 유정이는 저녁에 운동을 하러 놀이터에 나갔습니다. 오후 6시 30분부터 시작하여 45분 동안 줄넘기를 하고 20분 동안 달리기를 연습했습니다. 유정이가 운동을 한 시간은 모두 몇 시간 몇 분일까요?

1. 줄넘기를 한 시간과 달리기 연습을 한 시간은 모두 몇 시간 몇 분입니까?

2. 유정이가 운동을 모두 끝낸 시간은 몇 시 몇 분입니까?

📋 친구들과 함께 놀이공원에 가기로 했습니다. 희망동에 있는 놀이공원 정문 앞에서 오전 11시에 만나기로 했습니다. 인터넷에서 검색을 해 보니 우리 집 근처에서 버스를 타면 30분가량 걸린다고 합니다. 버스를 타는 시간과 기다리는 시간을 약 1시간 정도라고 예상했을 때 집에서 출발해야 하는 시간은 대략 몇 시일까요?

📋 놀이공원에서 롤러코스터를 타려고 대기줄에 섰습니다. '여기서부터 50분'이라는 푯말이 붙어 있는 곳에 섰습니다. 지금은 오후 1시 20분입니다. 롤러코스터를 타기 위해 기다리는 50분이 지났을 때는 몇 시 몇 분일까요?

📋 놀이공원이 문을 닫는 시간은 오후 6시입니다. 지금은 오후 4시 25분입니다. 문을 닫을 때까지 놀이공원에서 놀 수 있는 시간은 몇 시간 몇 분입니까?

📋 오전 11시 10분에 놀이공원에 들어가서 놀이공원이 문을 닫는 시간인 오후 6시에 나왔습니다. 놀이공원에서 머문 시간은 모두 몇 시간 몇 분일까요?

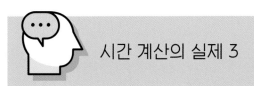
📋 달력을 보고, 다음 물음에 답해 봅시다.

2020년 10월

일	월	화	수	목	금	토
				1	2	3
4	5	6	7	8	9	10
11	12	13	☐	15	16	17
18	19	20	21	22	23	24
25	26	27	28	29	30	31

1. 이 달력은 몇 년도 몇 월의 달력일까요?

2. 2020년 10월 18일은 무슨 요일입니까?

3. 오늘은 2020년 10월 8일입니다. 5일 후는 몇 월 며칠입니까?

4. ☐ 안에 들어갈 숫자는 무엇인가요?

5. 일요일은 [   ] 일, [   ] 일, [   ] 일, [   ] 일입니다.

6. 2020년 11월 1일은 무슨 요일일까요?

📋 다음은 일부가 찢겨진 달력입니다. 다음 물음에 답해 봅시다.

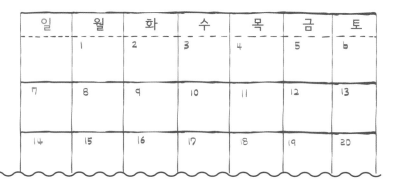

2020년 6월

일	월	화	수	목	금	토
	1	2	3	4	5	6
7	8	9	10	11	12	13
14	15	16	17	18	19	20

1. 이 달력은 몇 년도 몇 월의 달력일까요?

2. 2020년 6월 18일은 무슨 요일입니까?

3. 오늘은 2020년 6월 20일입니다. 7일 후는 몇 월 며칠입니까?

4. 6월 6일은 무슨 날인가요?

5. 토요일은 ☐ 일, ☐ 일, ☐ 일, ☐ 일입니다.

6. 2020년 6월 28일은 무슨 요일일까요?

📋 다음 그림을 보고 물음에 답해 봅시다.

1. 세모 안에 들어 있는 나뭇잎의 개수는 모두 몇 장입니까?

(   )

2. 동그라미 안에 들어 있는 나뭇잎의 개수는 모두 몇 장입니까?

(   )

3. 네모 안에 들어 있는 나뭇잎의 개수는 모두 몇 장입니까?

(   )

4. 세모에도, 네모에도 들어 있는 나뭇잎의 개수는 모두 몇 장입니까?

(   )

5. 동그라미에도, 네모에도 들어 있는 나뭇잎의 개수는 모두 몇 장입니까?

(   )

6. 나뭇잎은 모두 몇 장입니까?

(   )

📋 다음 그림을 보고 물음에 답해 봅시다.

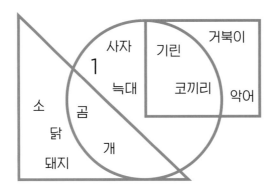

1. 세모 안에 들어 있는 동물들의 이름을 모두 적어 봅시다.

    (   )

2. 동그라미 안에 들어 있는 동물들의 이름을 모두 적어 봅시다.

    (   )

3. 네모 안에 들어 있는 동물들의 이름을 모두 적어 봅시다.

    (   )

4. 세모에도, 동그라미에도 들어 있는 숫자를 모두 적어 봅시다.

    (   )

5. 네모에도, 동그라미에도 들어 있는 숫자를 모두 적어 봅시다.

    (   )

6. 세모에도, 동그라미에도 들어 있는 동물들의 이름을 모두 적어 봅시다.

    (   )

7. 동그라미에도, 네모에도 들어 있는 동물들의 이름을 모두 적어 봅시다.

    (   )

8. 동물의 이름은 모두 몇 개입니까? (   )

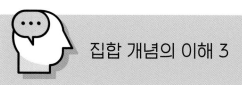
📋 다음 그림을 보고 물음에 답해 봅시다.

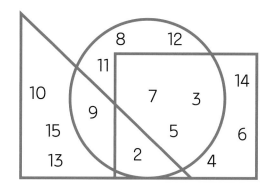

1. 세모 안에 들어 있는 숫자를 모두 적어 봅시다.

   (   )

2. 동그라미 안에 들어 있는 숫자를 모두 적어 봅시다.

   (   )

3. 네모 안에 들어 있는 숫자를 모두 적어 봅시다.

   (   )

4. 세모에도, 동그라미에도 들어 있는 숫자를 모두 적어 봅시다.

   (   )

5. 네모에도, 동그라미에도 들어 있는 숫자를 모두 적어 봅시다.

   (   )

6. 세모에도, 네모에도 들어 있는 숫자를 모두 적어 봅시다.

   (   )

7. 동그라미에도, 세모에도, 네모에도 들어 있는 숫자는 무엇입니까?

   (   )

8. 숫자는 모두 몇 개입니까? (   )

느린 학습자 인지훈련 프로그램 ❸

답안 및 해설

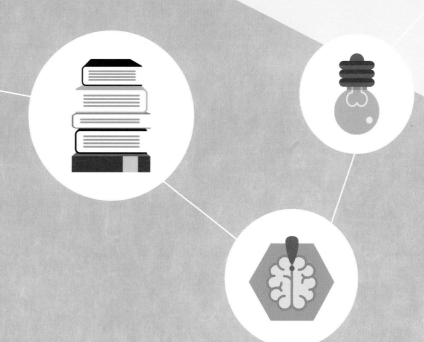

① 언어적 사고력

🗨 끝말잇기 p. 25

※ 끝말잇기는 장기기억 속에 있는 낱말들을 떠올려서 활용할
수 있는 기회를 제공한다. 또한 함께하는 사람과 주고받는
상호작용이 가능한 놀이이므로 여기에 제시된 빈칸 채우기
외에도 회기 내에서 수시로 말로 끝말잇기를 해 볼 수 있
도록 하는 편이 좋다.

📋 다음 □ 안에 들어갈 수 있는 말을 보기에서 모두 골라
봅시다.

의자 ⇨ 자동차 ⇨ 차도 ⇨ ☐

〈보기〉
ⓐ도마, 차표, ⓐ도둑, ⓐ도라지, ⓐ도서관, 동물

📋 다음 □ 안에 들어갈 수 있는 말을 보기에서 모두 골라
봅시다.

지진 ⇨ 진주 ⇨ ☐ ⇨ 소금

〈보기〉
ⓐ주유소, ⓐ주소, 주말, 시소, 미소, 주사

📋 다음 □ 안에 들어갈 수 있는 말을 보기에서 골라 봅시다.

사자 ⇨ ☐ ⇨ 거미 ⇨ 미장원

〈보기〉
ⓐ자전거, 자라, 자연, 자유, 수거, 정거장

📋 다음 □ 안에 들어갈 수 있는 말을 보기에서 모두 골라
봅시다.

☐ ⇨ 이쑤시개 ⇨ 개미 ⇨ 미술

〈보기〉
이불, ⓐ모이, ⓐ놀이, ⓐ색종이, 이름, 마술

🗨 첫 글자와 같은 낱말 찾기 p. 26

📋 다음 낱말들이 어떻게 이어지는지 살펴보고, □ 안에 들
어갈 수 있는 말을 찾아서 적어 봅시다.

자동차 ⇨ 자명종 ⇨ 자두 ☐

🔠 자석, 자유, 자라, 자연, 자전거 등

📋 다음 낱말들이 어떻게 이어지는지 살펴보고, □ 안에 들
어갈 수 있는 말을 찾아서 적어 봅시다.

이불 ⇨ 이사 ⇨ 이름 ☐

🔠 이쑤시개, 이글루, 이유, 이상, 이빨 등

📋 다음 낱말들이 어떻게 이어지는지 살펴보고, □ 안에 들
어갈 수 있는 말을 찾아서 적어 봅시다.

가마 ⇨ 가수 ⇨ 가마니 ☐

🔠 가슴, 가정, 가야금, 가르마, 가구 등

📋 다음 낱말들이 어떻게 이어지는지 살펴보고, □ 안에 들
어갈 수 있는 말을 찾아서 적어 봅시다.

마차 ⇨ 마술 ⇨ 마그마 ☐

🔠 마루, 마법, 마부, 마당, 마중 등

** 마그마: 땅속 깊은 곳에서 지구 내부의 높은 열로 암석이 녹아
있는 상태의 물질을 뜻함

📋 다음 낱말들이 어떻게 이어지는지 살펴보고, □ 안에 들
어갈 수 있는 말을 찾아서 적어 봅시다.

사슴 ⇨ 사람 ⇨ 사회자 ☐

🔠 사자, 사장, 사랑, 사무실, 사탕 등

🗨 규칙에 적합한 낱말 찾기 1 p. 27

※ 나열된 낱말들이 끝말잇기 또는 공통된 글자로 시작되는
말인지의 규칙을 찾고 적합한 말을 고르는 활동이다.

📋 다음 낱말들이 어떻게 이어지는지 살펴보고, □ 안에 들어갈 수 있는 말을 찾아서 적어 봅시다.

자명종 ⇨ 종이 ⇨ 이사 ⇨ [　　] ⇨ [　　]

📑 끝말잇기, 사자–자유, 사신–신발, 사고–고무 등

📋 다음 낱말들이 어떻게 이어지는지 살펴보고, □ 안에 들어갈 수 있는 말을 찾아서 적어 봅시다.

비누 ⇨ 비행기 ⇨ 비상구 ⇨ [　　] ⇨ [　　]

📑 '비'로 시작되는 말, 비옷–비교, 비행장–비둘기 등

📋 다음 낱말들이 어떻게 이어지는지 살펴보고, □ 안에 들어갈 수 있는 말을 찾아서 적어 봅시다.

치과 ⇨ 과일 ⇨ 일기 ⇨ [　　] ⇨ [　　]

📑 끝말잇기, 기러기–기차, 기사–사공, 기둥–둥지 등

📋 다음 낱말들이 어떻게 이어지는지 살펴보고, □ 안에 들어갈 수 있는 말을 찾아서 적어 봅시다.

정거장 ⇨ 정수기 ⇨ 정상 ⇨ [　　] ⇨ [　　]

📑 '정'으로 시작되는 말, 정도–정치, 정신–정문 등

📋 다음 낱말들이 어떻게 이어지는지 살펴보고, □ 안에 들어갈 수 있는 말을 찾아서 적어 봅시다.

자연 ⇨ 연구 ⇨ 구역 ⇨ [　　] ⇨ [　　]

📑 끝말잇기, 역장–장소, 역사–사자, 역할–할머니 등

🧠 규칙에 적합한 낱말 찾기 2 p. 28

※ 나열된 낱말들이 끝말잇기 또는 공통된 글자로 시작되는 말인지의 규칙을 찾고 적합한 말을 고르는 활동이다.

📋 다음 낱말들이 어떻게 이어지는지 살펴보고, □ 안에 들어갈 수 있는 말을 찾아서 적어 봅시다.

미술관 ⇨ 관계 ⇨ 계단 ⇨ [　　] ⇨ [　　]

📑 끝말잇기, 단속–속담, 단수–수영, 단소–소망 등

📋 다음 낱말들이 어떻게 이어지는지 살펴보고, □ 안에 들어갈 수 있는 말을 찾아서 적어 봅시다.

전화 ⇨ 화장품 ⇨ 품앗이 ⇨ [　　] ⇨ [　　]

📑 끝말잇기, 이불–불꽃, 이사–사슴, 이자–자연 등

📋 다음 낱말들이 어떻게 이어지는지 살펴보고, □ 안에 들어갈 수 있는 말을 찾아서 적어 봅시다.

장수 ⇨ 장갑 ⇨ 장정 ⇨ [　　] ⇨ [　　]

📑 '장'자로 시작되는 말, 장마–장성, 장가–장사 등

📋 다음 낱말들이 어떻게 이어지는지 살펴보고, □ 안에 들어갈 수 있는 말을 찾아서 적어 봅시다.

나비 ⇨ 나이테 ⇨ 나방 ⇨ [　　] ⇨ [　　]

📑 '나'자로 시작되는 말, 나루터–나이, 나물–나머지 등

📋 다음 낱말들이 어떻게 이어지는지 살펴보고, □ 안에 들어갈 수 있는 말을 찾아서 적어 봅시다.

필기 ⇨ 기자 ⇨ 자유 ⇨ [　　] ⇨ [　　]

📑 끝말잇기, 유조차–차표, 유전–전쟁, 유발–발자국 등

🧠 단위에 대한 낱말 익히기 1 p. 29

📋 셀 때 어떤 말을 써야 할지 생각해 보고, 보기에서 골라서 단위에 맞게 물건의 개수를 적어 봅시다.

┌─── 〈보기〉 ───┐
그루, 마리, 벌, 권, 채, 대, 자루, 켤레, 포기
└─────────────┘

책 세 권

나무 두 그루

동물 세 마리

옷 세 벌

자동차 두 대

배추 세 포기

연필 다섯 자루

집 두 채

운동화 한 켤레

🧠 단위에 대한 낱말 익히기 2 p. 30

📋 다음 문장을 읽으면서 □에 적합한 단위를 보기에서 찾아 적어 봅시다.

〈보기〉
> 마리, 권, 켤레, 대, 채, 권, 포기, 자루, 벌

1) 나는 백화점에 가서 운동화 한 <u>켤레</u> 와 옷 세 <u>벌</u> 을 샀다.
2) 우리 집에서는 이번 겨울에 배추 삼십 <u>포기</u> 로 김장을 할 예정이다.
3) 문방구에서 연필 세 <u>자루</u> 와 공책 두 <u>권</u> 을 사 왔다.
4) 그 마을에는 열 <u>채</u> 의 집이 있다.
5) 우리 학교 2학년 학생들 모두는 열다섯 <u>대</u> 의 관광버스에 나눠 탔다.
6) 그 농장에서는 젖소 일곱 <u>마리</u> 와 염소 스무 <u>마리</u> 를 키우고 있었다.

🧠 낱말 익히기 1 p. 31

📋 다음 제시된 낱말을 이용하여 낱말을 맞추어 보세요.

	가	지				
		우		가		
		개		키	위	구
						급
	사	탕		경	찰	차
	과					
		감		우	체	통
	피	자				유

→ 가지, 키위, 사탕, 경찰차, 우체통, 피자
↓ 지우개, 가위, 구급차, 사과, 감자, 우유

🧠 낱말 익히기 2 p. 32

📋 다음 제시된 글자들로 만들 수 있는 2글자 또는 3글자의 낱말을 만들어서 적어 봅시다(글자를 하나씩 오려 낸 후 자유롭게 맞춰 보면서 낱말을 찾아낼 수 있게 한다).

1.

기 비 헬 수 행 거 부 향
헬기, 기수, 기거, 기부, 향기, 향수, 비수, 비행, 수기, 수비, 수행, 수거, 거기, 거부, 비행기 등

2.

스 소 잠 수 험 점 함 힘
소스, 잠수, 수소, 수험, 점수, 함수, 잠수함 등

3.

방 붕 차 사 처 방 소 서
처서, 처소, 처방, 사서, 소방서, 소방차 등

🧠 낱말 익히기 3 p. 33

📋 다음 제시된 글자들로 만들 수 있는 2글자 또는 3글자의 낱말을 만들어서 적어 봅시다(글자를 하나씩 오려 낸 후 자유롭게 맞춰 보면서 낱말을 찾아낼 수 있게 한다).

1.

신 후 선 동 랑 호 등 산
등산, 신선, 동선, 산호, 동산, 신호등, 선호, 동등, 선동, 신랑, 호신, 등호 등

2.

럼 더 람 쥐 다 두 지
다람쥐, 두더지 등

3.

라 토 더 리 다 두 도
도토리, 다리, 다도 등

🗣 낱말 익히기 4 p. 34

📋 다음 제시된 글자들로 만들 수 있는 2글자 또는 3글자의 낱말을 만들어서 적어 봅시다(글자를 하나씩 오려 낸 후 자유롭게 맞춰 보면서 낱말을 찾아낼 수 있게 한다).

1.

공 농 여 구 야 고 발 사
농구, 야구, 고발, 사공, 발야구

2.

수 기 장 착 구 야 축 족
장기, 야구, 축구, 족구, 장수, 수구

3.

관 소 라 수 족 영 신 장
수족관, 수영장, 신장, 소라, 장수, 수소

🗣 낱말 익히기 5 p. 35

📋 다음 교실에서 볼 수 있는 것들을 떠올리며 낱말퍼즐을 완성해 봅시다.

	①공	🔢책		🔢지	
		②가	위	④우	산
		방		개	
③교	과	🔢서		⑤연	🔢필
		랍			통

가로 열쇠	세로 열쇠
① 여기에 글씨를 쓸 수 있어요.	🔢 책을 넣어 가지고 다닐 수 있어요.
② 종이를 자를 수 있어요.	🔢 글씨나 그림을 지우는 데 필요해요.
③ 우리가 배우는 책이에요.	🔢 책상에 붙어 있어 물건을 넣을 수 있어요.
④ 비가 올 때 꼭 필요해요.	
⑤ 글씨를 쓸 때 필요해요.	🔢 글씨를 쓰는 데 필요한 것들을 넣어요.

🗣 낱말 익히기 6 p. 36

📋 가리키는 말에 대해 알아봅시다.

- 사람을 가리키는 말: (나), (너), (우리), (저희)
- 물건을 가리키는 말: (이것), (저것), (그것)
- 장소를 가리키는 말: (여기), (저기), (거기)

📋 그림을 보고 문장에 적절한 가르키는 말을 보기에서 찾아 넣어 봅시다.

1. <u>여기</u> 내 발 앞에 축구공이 있다.
2. "이 축구공이 네 것이니?"
3. "그래, 그 축구공은 내 것이야."
4. "저 하늘에 떠 있는 구름 좀 봐"
5. "철수야, 바위 위에 앉아 있어. 내가 거기로 갈게."

🗣 낱말 익히기 7 p. 37

📋 가리키는 말을 찾아 ○표를 하고, 그 말이 의미하는 것은 무엇인지 적어 봅시다.

> 아버지께서 동생에게 장난감 자동차를 사 주셨습니다.
> 동생은 ⓔ그것ⓔ을 좋아합니다.
> 동생은 늘 그것만 가지고 놉니다.

📗 그것—아버지가 사주신 장난감 자동차

> 영미는 어머니와 함께 가게에 갔습니다.
> 참외를 좋아하는 영미는 ⓔ자기ⓔ앞에 놓인 참외를 가리키며 말하였습니다.
> "엄마, 이것 어때요?"
> "글쎄, 뭐가 좋을까? 저것도 맛있을 것 같네."
> 어머니께서 멀리 놓인 자두를 가리키시며 말씀하셨습니다.

📗 자기—영미, 이것—참외, 저것—멀리 놓인 자두

나무는 공기를 맑게 합니다.
(그것)이 많은 곳은 공기가 맑습니다.
산에 나무가 많으면 홍수나 가뭄을 막을 수도 있습니다.
나무가 주는 혜택은(이것)만이 아닙니다.
우리가 보는(이)책도 종이로 만들었습니다.

📋 그것-나무, 이것-공기를 맑게 해 주는 것과 홍수나 가뭄을 막는 것

🗣 포함하거나 포함되는 낱말 익히기 1 p. 38

📋 보기와 같이 묶음을 한 낱말로 적어 봅시다.

※ 더 큰 범주의 낱말을 모르거나, 기억해 내기 어려워할 때는 보기로 예시들을 주고 그 중에서 고르게 한다(보기: 과일, 동물, 의류, 가전제품, 병원, 문구, 야채).

〈보기〉
장갑, 바지, 옷, 모자, 신발 → 의류

* 사과, 포도, 감, 수박, 귤, 파인애플 → 과일
* 연필, 지우개, 삼각자, 색연필, 공책 → 문구
* 오이, 호박, 당근, 무, 배추, 가지 → 야채
* 토끼, 거북이, 여우, 코끼리, 다람쥐 → 동물
* 오디오, 텔레비전, 비디오, 냉장고 → 가전제품
* 소아과, 치과, 안과, 한의원, 내과 → 병원

🗣 포함하거나 포함되는 낱말 익히기 2 p. 39

📋 다음의 낱말들을 보기와 같이 오른쪽의 도표에 적어 봅시다.

〈보기〉
과일
사과 | 수박 | 딸기 | 포도

1) 농구, 야구, 운동, 축구, 배구

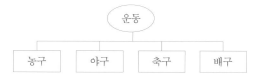
운동
농구 | 야구 | 축구 | 배구

2) 기차, 버스, 자동차, 오토바이, 탈 것

탈 것
기차 | 버스 | 자동차 | 오토바이

3) 침대, 가구, 의자, 책상, 책꽂이

가구
침대 | 의자 | 책상 | 책꽂이

🗣 포함하거나 포함되는 낱말 익히기 3 p. 40

📋 다음 문장을 읽고, 어울리지 않는 낱말에 ○표 해 봅시다. 그리고 어울리지 않는다고 생각한 이유를 말해 봅시다.

* 내가 좋아하는 동물은 펭귄, 토끼,(곰 인형), 코끼리입니다.
📋 곰 인형은 곰처럼 만들지만 살아있는 동물은 아닙니다.

* 내가 좋아하는 과일은 사과, 포도, 복숭아,(감자)입니다.
📋 감자는 과일이 아니고 채소입니다.

* 내가 좋아하는 곤충은 개미, 잠자리,(고양이)메뚜기입니다.
📋 고양이는 곤충이 아니라 포유류입니다.

* 내 단짝친구가 좋아하는 음식은 자장면,(냄비)떡볶이, 김밥입니다.
📋 냄비는 음식이 아니라 음식을 만드는 식기입니다.

* 우리 집에 있는 가전제품은 세탁기, 냉장고, 청소기,(침대)입니다.
📋 침대는 가전제품이 아니라 가구에 속합니다.

* 내가 싫어하는 채소는(복숭아)브로콜리, 당근, 오이입니다.
📋 복숭아는 채소가 아니라 과일입니다.

🗣 글자는 같고 뜻이 다른 낱말 익히기 1 p. 41

📋 □에 공통으로 들어갈 낱말을 보기에서 찾아 적고, 뜻이 어떻게 다르게 쓰이는지 말해 봅시다.

〈보기〉

김, 벌, 배, 밤, 병, 말, 턱, 눈

• 추운 겨울 **밤** 에 할머니와 오누이가 화로에 둘러앉아 **밤** 을 구워 먹었습니다.

• 차가운 **눈** 을 맞으며 놀다가 **눈** 이 **눈** 에 들어가서 **눈** 물이 났습니다.

• **병** 속에 담긴 음료수를 확인하지 않고 먹었더니 **병** 이 났습니다.

• 그 섬까지 **배** 를 타고 가는데, 멀미가 나고 **배** 도 아팠습니다.

• **말** 을 타고 가다가 그 사람에게 전해야 할 **말** 이 있어서 다시 돌아왔습니다.

• 무심코 걸어가다가 **턱** 에 걸려서 넘어지는 바람에, **턱** 을 크게 다쳤습니다.

• **벌** 을 받지 않으려고 숨어 있다가, 날아온 **벌** 에 쏘여서 팔이 빨갛게 부어올랐습니다.

• **김** 이 모락모락 나는 밥을 **김** 에 싸 먹어야 더 맛있습니다.

🗣 글자는 같고 뜻이 다른 낱말 익히기 2 p. 42

📋 □에 공통으로 들어갈 낱말을 보기에서 찾아 적고, 뜻이 어떻게 다르게 쓰이는지 말해 봅시다.

〈보기〉

분수, 다리, 고개, 시내, 사과

• 저 큰 **다리** 를 건너서 여기까지 걸어오느라 **다리** 가 몹시 아팠습니다.

• 학교에 가려면 저 **고개** 를 넘어야 하는데 가다가 이웃 어른들이라도 만나면 **고개** 를 숙여 인사를 해야 합니다.

• 시장에 가려면 버스를 타고 **시내** 로 가야합니다. **시내** 로 나가는 버스를 타려면 마을 앞의 **시내** 에 놓인 징검다리를 건너야 합니다.

• 나무에 매달린 **사과** 를 따려고 가지를 흔들다가 주인에게 들켜서 **사과** 했습니다. **사과** 를 잘한 덕분에 **사과** 한 광주리를 얻었습니다.

• 수학시험을 앞두고 있어서 **분수** 를 공부하다가 답답해져서 멋진 **분수** 가 물을 뿜고 있는 공원에 나가 바람을 쐽니다.

🗣 낱말 이해 1 p. 43

📋 다음 보기와 같이 제시된 낱말을 활용하여 문장을 만들어 봅시다.

〈보기〉

얻다
• 거실에 놓을 의자 하나를 이웃집에서 얻었다.
• 시장에서 일자리를 얻다.
• 책에서 기쁨을 얻다.

1. 흥미롭다	• 오늘 야구경기가 흥미로웠다.
	• 사건이 흥미롭게 진행되었다.
2. 허락하다	• 선생님은 우리의 제의를 흔쾌히 허락했다.
	• 친구가 책을 함께 봐도 좋다고 허락해 줬다.
3. 안전하다	• 이곳은 안전하다.
	• 제가 그곳까지 안전하게 모셔다 드리겠습니다.
4. 고치다	• 고장난 세탁기를 고쳤다.
	• 이 병원은 병을 잘 고친다는 소문이 자자하다.
5. 부드러운	• 기름을 먹인 가죽은 부드럽다.
	• 그 친구는 부드러운 머릿결을 가지고 있다.
6. 부유한	• 성실하고 부유한 남자를 만났다.
	• 그 사람의 집은 생각보다 거대하고 부유했다.

168 답안 및 해설

7. 구해 주다	● 나를 구해 준 은인이다. ● 허우적대는 것을 보자, 구해 주러 달려갔다.
8. 버릇없는	● 버릇없는 네 행동이 실망스럽다. ● 그 아이의 말투는 버릇없이 들렸다.
9. 감추다	● 신발을 가방 속에 감추었다. ● 할머니는 옷 속에 감추어 둔 돈을 꺼내 주셨다.
10. 똑똑한	● 저렇게 말하는 걸 보니 똑똑한 아이로군 ● 그는 영리하고 똑똑하다.
11. 수줍은	● 그는 나를 보자마자, 수줍게 웃었다. ● 그녀는 수줍은 듯 얼굴을 붉혔다.
12. 줄이다	● 형의 옷을 줄여서 동생에게 입혔다. ● 씀씀이를 줄여서 저축을 해야겠다.
13. 친절한	● 손님에게 친절하게 대해야 한다. ● 이웃들은 모두 친절했다.
14. 끝내다	● 이 일을 다 끝내고 나서 나가 놀아도 좋다. ● 회의를 끝낸 후에 점심을 먹으러 갔다.
15. 다가서다	● 위험물에 다가서지 마시오. ● 목표를 향해 한발 다가섰다.
16. 수수한	● 부인은 수수한 옷차림이었다. ● 그 가방의 앞은 화려한 반면에 뒤는 수수하다.
17. 약한	● 나는 수학에 약하다. ● 추위에 약해서 겨울마다 감기에 걸리곤 한다.
18. 도망치다	● 그곳에서 도망치고 싶었다. ● 도망친 남자는 그길로 도시로 갔다.
19. 거절하다	● 감사하지만 당신의 제안을 거절하겠습니다. ● 나의 간곡한 부탁을 딱 잘라 거절했다.
20. 힘센	● 힘센 걸로 말하면 민서를 따라갈 사람이 없다. ● 아무리 힘센 사람이라도 이 바위를 들진 못할 걸.

낱말 이해 2 p. 45

다음 낱말을 세 개의 상자 속에 넣어 봅시다.

〈보기〉
인천, 개구리, 수성, 사람, 대구, 지구,
토끼, 치타, 부산, 금성, 대전, 토성

1. 인천, 대구, 부산, 대전	2. 수성, 지구, 금성, 토성	3. 개구리, 사람, 토끼, 치타
◆ 앞의 낱말을 포함하는 뜻이 큰 순서대로 나열하시오. 1. 도시 2. 행성 3. 동물		

다음 낱말들을 세 개의 상자 속에 넣어 봅시다.

〈보기〉
자동차, 전조등, 코끼리, 촛불, 깨소금, 여우,
형광등, 곰, 소금, 다람쥐, 손전등, 설탕, 간장

1. 전조등, 촛불, 형광등, 손전등	2. 코끼리, 여우, 곰, 다람쥐	3. 소금, 설탕, 간장, 깨소금
◆ 앞의 낱말을 포함하는 뜻이 큰 순서대로 나열하시오. 1. 조명 2. 동물 3. 양념		

낱말 이해 3 p. 46

분류표를 보고 〈보기〉의 대상과 분류한 기준을 적어 봅시다. 〈연습문제〉

〈보기〉
갈치, 당근, 고등어, 멸치, 마늘, 오징어, 양파, 콩

* 분류란 기준에 따라 대상을 나누어 묶는 것이다.

분류 기준	해산물 (바다에서 나는 음식)	농작물 (밭에서 나는 음식)
대상	갈치, 고등어, 멸치, 오징어	당근, 마늘, 양파, 콩

📋 분류표를 보고 〈보기〉의 대상과 분류한 기준을 적어 봅시다.

〈보기〉

오렌지, 당근, 포도, 오이, 딸기, 호박, 사과, 시금치

분류 기준	과일	채소
대상	오렌지, 포도, 딸기, 사과	당근, 오이, 호박, 시금치

📋 분류표를 보고 〈보기〉의 대상과 분류한 기준을 적어 봅시다.

〈보기〉

탁구, 배구, 농구, 레슬링, 유도, 축구, 태권도

분류 기준	구기종목 (공으로 하는 운동)	신체운동
대상	탁구, 배구, 농구, 축구	유도, 태권도

📋 분류표를 보고 〈보기〉의 대상과 분류한 기준을 적어 봅시다.

〈보기〉

바지, 점퍼, 티셔츠, 반바지, 블라우스, 치마, 팬티, 셔츠

분류 기준	윗옷	아래옷
대상	점퍼, 티셔츠, 블라우스, 셔츠	바지, 반바지, 치마, 팬티

📋 분류표를 보고 〈보기〉의 대상과 분류한 기준을 적어 봅시다.

〈보기〉

불안, 우울, 행복, 기쁨, 슬픔, 반가움, 뿌듯, 억울

분류 기준	부정적 감정	긍정적 감정
대상	불안, 우울, 슬픔, 억울	행복, 기쁨, 반가움, 뿌듯

낱말 이해 4 (초등 고학년~중등) p.48

📋 왼쪽의 낱말과 반대의 뜻을 가진 낱말을 골라 봅시다.

	㉮	㉯	㉰
1. 얻다	✔잃다	이익이다	무겁다
2. 흥미롭다	㉮ 일하다	즐겁다	✔지루하다
3. 똑똑한	✔어리석은	영리한	우스운
4. 허락하다	✔반대하다	내버려 두다	인정하다
5. 안전하다	㉮ 편안하다	✔위험하다	보호하다
6. 고치다	✔망가뜨리다	가지런하게 하다	정리하다
7. 부드러운	㉮ 깨끗한	매끄러운	✔거친
8. 부유한	✔가난한	슬픈	소중한
9. 구해 주다	㉮ 구조하다	끌어내다	✔내버려 두다
10. 버릇없는	✔예의 바른	거북한	난폭한
11. 감추다	㉮ 입다	✔보이다	숨기다
12. 수줍은	㉮ 부끄러운	✔뻔뻔한	얌전한
13. 줄이다	㉮ 자르다	작게 하다	✔늘이다
14. 친절한	㉮ 상냥한	✔불친절한	수상한
15. 끝내다	㉮ 닫다	끝마치다	✔시작하다
16. 다가서다	㉮ 머무르다	접근하다	✔멀어지다

17. 수수한	✔ 화려한		ⓛ 평범한		ⓓ 추한
18. 약한	✔ 강한		ⓛ 순한		ⓓ 비참한
19. 도망치다	✔ 잡혀 오다		ⓛ 풀려나다		ⓓ 뛰어가다
20. 거절하다	✔ 받아들이다		ⓛ 실수하다		ⓓ 거부하다
21. 반대하다	✔ 찬성하다		ⓛ 좋아하다		ⓓ 싫어하다
22. 이기다	㉮ 비기다		✔ 지다		ⓓ 승리하다

🗣 낱말 이해 5 p. 50

📋 다음의 주어진 낱말과 반대의 뜻을 가진 낱말을 생각해
서 적어 봅시다. 그리고 두 개의 낱말을 넣어 짧은 글을
지어 봅시다.

---〈보기〉---
넣다 : 꺼내다
• 나는 가방에서 필통을 넣고 교과서를 꺼냈다.

1. 얻다 : 잃다
 ● 나는 돈을 얻고 사람을 잃었다.

2. 흥미롭다 : 지루하다
 ● 수학은 흥미롭지만 국어는 지루하다.

3. 허락하다 : 반대하다
 ● 친구들과 노는 것은 허락하지만 너무 늦게 들어오는 것
 은 반대한다.

4. 안전하다 : 불안전하다
 ● 안전한 생활을 위해서는 불안전한 주변환경을 고칠 수
 있어야 한다.

5. 고치다 : 망가지다
 ● 망가진 장난감을 고쳐 주는 가게가 있다.

6. 부드러운 : 거친
 ● 거친 가죽을 부드럽게 하기 위해 두드리는 과정이 있다.

7. 꼭 끼는 : 헐렁한
 ● 나는 꼭 끼는 바지보다는 헐렁해서 편안한 바지가 더 좋다.

8. 약하다 : 강하다
 ● 나는 강한 사람보다 약한 사람을 도와주는 것이 좋다.

9. 버릇없는 : 예의 바른
 ● 버릇없는 형에게 예의 바른 동생이 있다니 믿기 어려웠다.

10. 감추다 : 찾다
 ● 감춰진 보물을 찾기 위해 길을 떠났다.

11. 똑똑한 : 어리석은
 ● 어리석은 양반은 똑똑한 하인에게 제대로 속았다.

12. 수줍은 : 용감한
 ● 어릴 때는 수줍은 모습이었는데 이제는 용감한 어른이
 되었구나.

13. 줄이다 : 늘리다
 ● 몸무게는 줄이고 키는 늘리는 방법은 없을까?

14. 친절한 : 불친절한
 ● 불친절한 손님이 오더라도 우리는 친절하게 손님을 맞
 아야 한다.

15. 끝내다 : 시작하다
 ● 모든 시작엔 끝이 있다.

16. 다가서다 : 멀어지다
 ● 내가 한 발짝 다가서면 그 사람은 두 발짝씩 멀어져 간다.

17. 약한 : 강한
 ● 그 남자는 강한 남자였지만 약한 여자를 보호할 줄 몰랐다.

18. 반대하다 : 찬성하다
 ● 그 의견에 반대하는 사람들과 찬성하는 사람들이 나뉘
 어 서로 다투었다.

19. 내려오다 : 올라가다
 ● 산을 올라가는 길에는 보지 못했던 개울물을 내려오는
 길에 찾았다.

20. 아직 : 벌써
 ● 친구가 벌써 온 줄 알고 뛰어 왔는데 아직 오지 않아서
 다행이었다.

21. 옛날의 : 요즘의
 ● 옛날의 집은 주로 초가집이나 한옥집이었지만 요즘의
 집은 아파트나 단독주택이다.

왼쪽의 낱말과 가장 비슷한 뜻을 가진 낱말을 골라 봅시다.

1. 쫓아오다	✔따라오다	㉯ 보내다	㉰ 떠나다
2. 가끔	㉮ 항상	㉯ 자주	✔때때로
3. 시작하다	㉮ 끝내다	✔출발하다	㉰ 마치다
4. 그릇	㉮ 상자	✔접시	㉰ 빨대
5. 듬직한	✔의젓한	㉯ 촐랑대는	㉰ 미련한
6. 바쁘다	㉮ 한가하다	✔분주하다	㉰ 놀다
7. 교사	㉮ 학생	㉯ 제자	✔선생님
8. 피곤한	✔지친	㉯ 활기찬	㉰ 아픈
9. 맑은	✔투명한	㉯ 탁한	㉰ 매끈한
10. 잘라 내다	㉮ 붙이다	㉯ 미루다	✔오려 내다
11. 소원하다	✔소망하다	㉯ 믿다	㉰ 실망하다
12. 소란스럽다	㉮ 조용하다	✔시끄럽다	㉰ 이야기하다
13. 올리다	✔띄우다	㉯ 내리다	㉰ 밀다
14. 둔한	㉮ 날카로운	✔무딘	㉰ 예리한
15. 깨끗한	㉮ 더러운	✔청결한	㉰ 맑은
16. 어려운	㉮ 쉬운	✔힘든	㉰ 편리한
17. 쓸쓸한	㉮ 차가운	✔외로운	㉰ 즐거운
18. 과거	✔어제	㉯ 오늘	㉰ 내일
19. 홀로	㉮ 같이	㉯ 함께	✔혼자
20. 병든	㉮ 힘센	㉯ 순한	✔약한
21. 부끄러운	✔수줍은	㉯ 당당한	㉰ 자신감 넘친
22. 외치다	✔소리 지르다	㉯ 귓속말하다	㉰ 이야기하다

다음의 주어진 낱말과 비슷한 뜻을 가진 낱말을 모두 적어 봅시다. 그리고 그 중의 한 낱말을 넣어 짧은 글을 지어 봅시다.

1. 쫓아오다 : 따라오다
- 길에서 만난 강아지가 내가 자기 주인인 줄 알고 따라 왔다.

2. 가끔 : 때때로
- 나는 때때로 하늘을 올려다보곤 한다.

3. 시작하다 : 출발하다
- 새학기에는 새로 출발하는 기분으로 시작해야 한다.

4. 그릇 : 식기
- 손님이 너무 많이 와서 준비된 식기만으로는 식사를 준비할 수 없었다.

5. 듬직한 : 믿음직스러운
- 다른 사람에게 믿음직스러운 모습을 보여 주려면 맡은 일에 최선을 다해야 한다.

6. 바쁘다 : 분주하다
- 손님 맞을 준비로 분주한 모습이었다.

7. 교사 : 선생님
- 수학문제를 풀다가 생각이 나지 않아서 선생님께 여쭈어 보았다.

8. 피곤한 : 지친
- 문을 열었더니 지친 모습의 친구가 서 있어서 깜짝 놀랐다.

9. 맑은 : 투명한	
● 연못은 투명한 유리알처럼 맑았다.	
10. 잘라내다 : 오려내다	
● 가위로 종이인형을 오려 낸 후 친구와 인형놀이를 했다.	
11. 소원하다 : 바라다	
● 내가 간절히 바라는 일은 평화통일이다.	
12. 소란스럽다 : 시끄럽다	
● 바깥이 시끄러워서 나와 보니 아이들이 놀이터에서 피구를 하고 있었다.	
13. 올리다 : 띄우다	
● 바람이 많이 부는 날에는 한강에 가서 연을 띄운다.	
14. 둔한 : 무딘	
● 칼끝이 무뎌서 손을 베지는 않았지만 긁히긴 했다.	
15. 깨끗한 : 청결한	
● 주방의 행주와 도마는 항상 청결한 상태를 유지해야 한다.	
16. 어려운 : 힘든	
● 힘든 한 주가 끝났으니 다음주에는 좀 더 편안한 한 주가 되기를 바란다.	
17. 쓸쓸한 : 외로운	
● 가을 들판에 홀로 서 있는 허수아비가 외로워 보인다.	
18. 과거 : 옛날	
● 옛날에는 걸어서 다녔지만 지금은 차를 타고 다녀서 더 빨리 편하게 갈 수 있다.	
19. 홀로 : 혼자	
● 밥을 혼자서 먹기는 좀 쓸쓸하다.	
20. 병든 : 아픈	
● 아픈 몸을 이끌고 전쟁에 나섰다.	
21. 부끄러운 : 수줍은	
● 수줍은 새색시처럼 사뿐사뿐 내 앞으로 걸어 왔다.	
22. 외치다 : 소리 지르다	
● 길 건너에서 내 단짝친구가 지나는 것을 보고 반가워서 "친구야~"라고 소리 질렀다.	

낱말 이해 8 p. 56

서로 비슷한 뜻을 가진 두 개의 낱말이 있습니다. 보기를 잘 읽어 보고, 두 개의 낱말을 알맞게 설명한 것을 골라 봅시다.

1 그릇 병	☑ 담는 것이다. ㉯ 유리로 만든 것이다. ㉰ 긴 목을 가지고 있다.
2 두루마기 잠바	㉮ 무릎까지 내려온다. ☑ 겉옷이다. ㉰ 추운 계절에 입는다.
3 식탁 화장대	㉮ 한 명만 사용할 수 있다. ㉯ 부엌에서 볼 수 있다. ☑ 가구이다.
4 전기난로 전등	㉮ 빛을 내기 위해 쓰인다. ☑ 전기를 사용한다. ㉰ 요리할 때 쓰인다.
5 동요 소음	☑ 귀로 듣는 것이다. ㉯ 즐거운 것이다. ㉰ 정성 들여 만든 것이다.
6 책상 책장	☑ 공부하기 위한 것이다. ㉯ 의자와 함께 쓰인다. ㉰ 무엇인가를 진열한다.
7 피아노 바이올린	☑ 음악 연주를 위해 쓴다. ㉯ 건반이 있다. ㉰ 손가락으로 두드린다.
8 라디오 텔레비전	㉮ 소리만 들린다. ☑ 소식을 전해 준다. ㉰ 만화를 볼 수 있다.
9 신문 잡지	㉮ 매일 만든다. ☑ 작가가 있어야 한다. ㉰ 기자가 있어야 한다.
10 수첩 지갑	㉮ 돈을 넣는 것이다. ☑ 주머니에 넣을 수 있다. ㉰ 끈이 달려 있다.
11 현미경 망원경	☑ 물건을 좀 더 자세히 볼 수 있다. ㉯ 가까이 있는 것을 자세히 볼 때 사용한다. ㉰ 먼 곳에 있는 것을 자세히 볼 때 사용한다.

12 왕 대통령	㉮ 선거로 뽑힌다. ☑ 나라를 이끌어 간다. ㉰ 누구나 될 수 있다.
13 집 호텔	㉮ 매일 살 수 있다. ☑ 잠을 잘 수 있는 곳이다. ㉰ 돈을 내고 가야 하는 곳이다.

🗣 낱말 이해 9 p. 58

📋 각각의 낱말들은 어떤 일이 일어나는 순서대로 나타낸 것입니다. 다음에는 어떤 일이 일어날까요? 알맞은 낱말을 보기에서 골라 봅시다.

1. 떠나다, 여행하다

〈보기〉
(도착하다), 출발하다, 운전하다

2. 벌다, 저축하다

〈보기〉
얻다, 받다, (쓰다)

3. 설계하다, 짓다

〈보기〉
건설하다, (이사하다), 살다

4. 원인, 사건

〈보기〉
기회, 이유, (결과)

5. 씨를 뿌리다, 싹이 트다

〈보기〉
(잎이 자라다), 거름을 주다, 물을 주다

6. 잠자다, 깨다

〈보기〉
졸다, (일어나다), 움직이다

🗣 낱말 이해 10 p. 59

📋 다음의 낱말들을 일이 일어나는 순서대로 다시 적어 봅시다.

1. 설거지하다, 요리하다, 먹다

● 요리하다, 먹다, 설거지하다

2. 전화 걸다, 전화 끊다, 말하다

● 전화 걸다, 말하다, 전화 끊다

3. 사다, 가게에 가다, 사용하다

● 가게에 가다, 사다, 사용하다

4. 공격하다, 싸우다, 이기다

● 싸우다, 공격하다, 이기다

5. 수업, 복습, 예습

● 예습, 수업, 복습

6. 계속하다, 끝나다, 시작하다

● 시작하다, 계속하다, 끝나다

7. 마르다, 헹구다, 비누칠하다

● 비누칠하다, 헹구다, 마르다

🗣 낱말 이해 11 p. 60

📋 다음의 낱말들은 일이 일어나는 순서대로 적은 것입니다. 그 다음에는 어떤 일이 일어날까요? 알맞은 낱말을 생각하여 적어 봅시다.

1. 달리다, 넘어지다

답 울다

2. 태어나다, 살다

답 죽다

3. 밭을 갈다, 씨를 뿌리다

답 싹이 나다

4. 사다, 사용하다

답 버리다

5. 과거, 현재

답 미래

6. 물다, 씹다

답 삼키다

7. 장전하다, 겨냥하다

답 쏘다

8. 새벽, 아침

답 점심

9. 다치다, 치료하다

답 낫다

낱말 이해 12 p.61

다음 네 개의 낱말이 있습니다. 낱말을 읽고 전체와 그 부분에 속하는 낱말을 각각 알아봅시다. 보기와 같이 전체를 나타내는 낱말은 앞부분에, 부분을 나타내는 낱말은 뒷부분에 적어 봅시다.

〈보기〉
핸들, 자전거, 페달, 체인

| 전체 | 자전거 | 부분 | 핸들, 페달, 체인 |

1. 반사경, 재물대 접안렌즈, 현미경

| 전체 | 현미경 | 부분 | 반사경, 재물대 접안렌즈 |

2. 도시, 중심가, 주택가, 변두리

| 전체 | 도시 | 부분 | 중심가, 주택가, 변두리 |

3. 입원실, 주사기, 병원, 청진기

| 전체 | 병원 | 부분 | 입원실, 주사기, 청진기 |

4. 매표소, 극장, 좌석, 영사실

| 전체 | 극장 | 부분 | 매표소, 좌석, 영사실 |

5. 지느러미, 부레, 물고기, 아가미

| 전체 | 물고기 | 부분 | 지느러미, 부레, 아가미 |

6. 놀이공원, 회전목마, 롤러코스터, 바이킹

| 전체 | 놀이공원 | 부분 | 회전목마, 롤러코스터, 바이킹 |

7. 냉장고, 야채실, 냉동실, 온조 조절기

| 전체 | 냉장고 | 부분 | 야채실, 냉동실, 온조 조절기 |

낱말 이해 13 p.62

다음의 낱말은 공통적으로 가지고 있는 것이 있습니다. 어떤 점이 같은지 적어 봅시다.

〈보기〉
분필, 밀가루, 설탕

• 이것은 모두 흰색의 가루입니다.

1. 자, 체중계, 양팔저울

● 길이나 무게를 재는 도구다.

2. 번쩍거리다, 광선, 전등

● 뭔가를 밝히기 위한 조명기구다.

3. 뜨거운, 차가운 미지근한

● 액체의 온도를 나타내는 말이다.

4. 끓다, 증발하다, 김이 나다

● 물에 열을 가하면 나타나는 성질이다.

5. 색연필, 싸인펜, 만년필

● 필기구다.

6. 침묵하다, 조용하다, 고요하다

● 시끄럽지 않고 아무 소리가 나지 않는 상태다.

7. 이슬비, 소나기, 가랑비

● 비의 종류다.

연결어 1 p.63

다음의 두 문장이 자연스럽게 연결되도록 이어 주는 말을 골라 ○표를 해 봅시다.

1. 영준이는 양치질을 했습니다. (그래서, ⓛ그리고) 옷을 입었습니다.

2. 수빈이는 밤에 숙제를 했습니다. (ⓛ그리고, 그런데) 잠을 잤습니다.

3. 나영이는 피구를 잘 합니다. (ⓛ그런데, 그리고) 달리기는 잘 못합니다.

4. 희성이는 놀이터에서 더 놀고 싶었습니다. (ⓛ그런데, 그리고) 벌써 학원에 갈 시간이 지나버렸습니다.

5. 연서는 성적을 잘 받고 싶었습니다. (ⓛ그래서, 그리고) 시험 한 달 전부터 열심히 공부했습니다.

연결어 2 p.64

다음의 두 문장이 자연스럽게 연결되도록 이어 주는 말을 보기에서 골라 적어 봅시다.

〈보기〉

그리고, 그런데, 그래서, 또

1. 진영이가 풍선을 불고 있었습니다. __그런데__ 너무 크게 불어서 풍선이 터져 버렸습니다.

2. 나는 축구를 잘 합니다. __그리고__ 배드민턴도 잘 칩니다.

3. 낮에 아이스크림을 다섯 개나 먹었습니다. __그래서__ 밤에 배가 아팠습니다.

4. 우영이는 축구를 하자고 했습니다. __그런데__ 민서는 농구를 하자고 했습니다.

5. 알람을 듣지 못해서 아침에 늦게 일어났습니다. __그래서__ 학교에 지각을 했습니다.

6. 수정이가 내 발을 밟고 지나갔습니다. __그런데__ 사과도

하지 않아서 기분이 몹시 나쁩니다.

7. 나는 프랑스에 가 보고 싶습니다. __또__ 독일에도 가 보고 싶습니다.

문장 이해 1 p.65

보기에서와 같이 두 개의 문장을 읽고 각각을 원인과 결과로 나누어 적어 봅시다.

※ 원인이란 어떤 일이 생기게 된 까닭이나, 그 일을 생기게 만든 다른 일을 말한다. 결과란 어떤 원인 때문에 생긴 나중의 일을 말한다. 글 속에 나타난 사건에 대해 잘 이해하려면 원인과 결과의 관계를 아는 것이 중요하다.

〈보기〉

교실에서 친구와 공놀이를 하다가 유리창을 깼습니다.
선생님께 불려가서 야단을 맞았습니다.

원인 교실에서 친구와 공놀이를 하다가 유리창을 깼습니다.
결과 선생님께 불려 가서 야단을 맞았습니다.

1.
모두에게 친절한 진희가 내 짝이 되었습니다.
오늘 학교에서 짝을 바꿨습니다.

원인 오늘 학교에서 짝을 바꿨습니다.
결과 모두에게 친절한 진희가 내 짝이 되었습니다.

2.
지우개를 잃어버렸습니다.
문방구에 가서 지우개를 하나 샀습니다.

원인 지우개를 잃어버렸습니다.
결과 문방구에 가서 지우개를 하나 샀습니다.

3.
밭의 농작물들이 바싹 말라 버렸습니다.
오랫동안 비가 내리지 않았습니다.

원인 오랫동안 비가 내리지 않았습니다.
결과 밭의 농작물들이 바싹 말라 버렸습니다.

4.
동생이 나를 한 대 때리고 도망쳤습니다.
도망가다가 문턱에 걸려 넘어져서 울었습니다.

원인 동생이 나를 한 대 때리고 도망쳤습니다.
결과 도망가다가 문턱에 걸려 넘어져서 울었습니다.

5.

지수는 글짓기 연습을 꾸준히 했습니다.
지수의 글짓기 솜씨는 놀랍게 향상되었습니다.

원인 지수는 글짓기 연습을 꾸준히 했습니다.
결과 지수의 글짓기 솜씨는 놀랍게 향상되었습니다.

6.

밤부터 열이 나고, 기침이 나왔습니다.
어제 비를 맞으며 신나게 놀았습니다.

원인 어제 비를 맞으며 신나게 놀았습니다.
결과 밤부터 열이 나고, 기침이 나왔습니다.

7.

산불이 여기저기서 났습니다.
오랫동안 비가 오지 않아서 너무 건조했습니다.

원인 오랫동안 비가 오지 않아서 너무 건조했습니다.
결과 산불이 여기저기서 났습니다.

8.

하마터면 차에 부딪칠 뻔했습니다.
횡단보도를 건널 때 좌우를 확인하지 않았습니다.

원인 횡단보도를 건널 때 좌우를 확인하지 않았습니다.
결과 하마터면 차에 부딪칠 뻔했습니다.

● 문장 이해 2 p. 67

다음 보기와 같이 원인에 대한 결과를 적어 봅시다.

──── 〈보기〉 ────

식목일 날 마을 뒷산에 나무를 많이 심었다.

결과 뒷산에 많은 나무가 자라고 있다.

1.

이번 중간시험 기간에는 공부를 열심히 하였다.

결과 중간고사 성적이 잘 나왔다.

2.

점심 때부터 배가 몹시 고팠다.

결과 집에 오자마자 냉장고부터 열었다.

3.

어제 전국적으로 엄청난 비가 내렸다.

결과 홍수가 났다는 보도를 봤다.

4.

친한 친구의 별명을 부르며 놀려 줬다.

결과 친한 친구와 몸싸움을 했다.

5.

오후가 되자 먹구름이 몰려오더니 캄캄해졌다.

결과 결국 비가 내리기 시작했다.

6.

어제 저녁부터 열이 오르기 시작하더니 밤새도록 열이 심하게 났다.

결과 독감에 걸려서 병원에 다녀왔다.

7.

학교 끝나고 친구들과 함께 축구를 하다보니 시간 가는 줄 몰랐다.

결과 학원가는 시간을 잊어서 학원버스를 놓쳤다.

8.

내 짝꿍이 전학을 간다고 작별 인사를 하였다.

결과 나는 너무 아쉬워서 눈물을 흘렸다.

9.

사흘째, 비가 계속 내리고 있다.

결과 홍수경보가 울렸다.

10.

너무 더워서 아이스크림을 한번에 5개나 먹었다.

결과 배탈이 났다.

11.

길을 걷다가 발을 헛딛었다.

결과 넘어지고 말았다.

12.

어제 저녁부터 늦게까지 텔레비전을 보고 새벽에 잠이 들었다.

결과 늦잠을 자서 학교에 지각을 했다.

13.

가을이 됐다.

결과 잠자리가 날고 코스모스가 피기 시작했다.

14.

날씨가 너무 추웠다.

결과 두꺼운 외투를 꺼내 입었다.

🗣 문장 이해 3 (그림 보고 의미파악) p. 69

📋 다음 그림을 가장 잘 설명해 놓은 문장을 찾아봅시다.

1.

① 원, 네모, 세모가 있다.
② 큰 네모와 원이 겹쳐 있고 그 옆에 작은 세모가 있다.
③ 큰 네모 안에 원이 있고, 큰 네모의 오른쪽에 작은 세모가 있다.

2.

① 왼쪽부터 작은 세모가 아래쪽에 나란히 두 개, 그 옆에 큰 네모가 있다.
② 세모, 세모, 네모가 있다.
③ 네모와 세모 2개가 나란히 있다.

3.

① 원, 네모, 원이 길게 서 있다.
② 작은 원 위에 큰 네모, 그 위에 작은 원이 있다.
③ 큰 네모의 윗면과 아랫면 가운데에 작은 원이 한 개씩 붙어 있다.

> ※ 각각의 보기 이외에 다른 말로 도형의 종류와 크기, 위치에 대해 설명해 보도록 지도해도 좋다.

🗣 두 줄 독해 1 p. 72

📋 다음 지문을 읽고 질문에 답해 봅시다.

> 수진이는 아침에 일찍 일어났습니다.
> 밥을 먹고, 학교에 갑니다.

▶ 누가 학교에 갑니까?
답 수진이

▶ 수진이는 아침에 어디를 갑니까?
답 학교

> 길에서 친구를 만납니다.
> "수진아, 안녕?"
> "진성아, 안녕?"

▶ 수진이는 학교 가는 길에 누구를 만났습니까?
답 진성이

▶ 무엇이라고 인사합니까?
답 "진성아, 안녕?"

> 리 리 리 자로 끝나는 말은
> 꾀꼬리 목소리 개나리 울타리 오리 한 마리.

▶ "리"자로 끝나는 낱말은 무엇입니까?
답 꾀꼬리, 목소리, 개나리, 울타리, 오리, 한 마리

> 토실토실 아기돼지 밥 달라고 꿀꿀꿀
> 엄마돼지 오냐오냐 알았다고 꿀꿀꿀

▶ 돼지의 모습을 표현한 흉내 내는 말을 찾으세요.
답 토실토실

▶ 돼지가 밥 달라는 소리를 흉내 낸 말을 찾으세요.
답 꿀꿀꿀

🗣 두 줄 독해 2 p. 73

📋 다음 지문을 읽고 질문에 답해 봅시다.

> 엉덩이를 실룩실룩 흔들면서
> 덩실덩실 신나게 춤을 추어요.

▶ 춤을 출 때, 엉덩이 흔드는 모습을 나타낸 말은 무엇입니까?
답 실룩실룩

> 곰이 골짜기에서 가재를 잡고 있습니다.
> 꾀 많은 여우가 그 옆을 슬금슬금 다가갑니다.

▶ 곰이 어디에 있습니까?
답 골짜기

▶ 곰이 무엇을 잡고 있습니까?
답 가재

곰이 여우의 뒤를 성큼성큼 따라갑니다.
겁이 난 여우는 놀라서 달아났습니다.

▸ 곰이 누구를 따라갑니까?
🔲 여우

▸ 곰이 걸어가는 모습을 흉내 내는 말을 찾아 쓰세요.
🔲 성큼성큼

지난 토요일에는 하루 종일 재미있었습니다.
친구들과 놀이공원에서 신나게 놀았습니다.

▸ 언제 일어난 일입니까?
🔲 지난 토요일

▸ 친구들과 어디에 갔었습니까?
🔲 놀이공원

🗣 두 줄 독해 3 p.74

돌이가 토끼장 문을 엽니다.
토끼들이 신이 나서 깡충깡충 뛰어나옵니다.

▸ 돌이가 무엇을 열었습니까?
🔲 토끼장 문

▸ 토끼가 뛰어다니는 모습을 흉내 낸 말을 찾으세요.
🔲 깡충깡충

돌이가 외양간 빗장도 풀어 주었습니다.
소들도 신이 나서 경중경중 뛰어나옵니다.

▸ 돌이가 무엇을 열었습니까?
🔲 외양간 빗장

▸ 소가 뛰는 모습을 흉내 낸 말을 찾으세요.
🔲 경중경중

토끼들이 배추밭으로 깡충깡충 뛰어갑니다.
토끼들이 배추를 오물오물 맛있게 먹습니다.

▸ 토끼가 어디로 뛰어갑니까?
🔲 배추밭

▸ 토끼가 무엇을 먹습니까?
🔲 배추

소들이 보리밭으로 경중경중 뛰어갑니다.
소들이 보리를 우적우적, 우물우물 먹습니다.

▸ 소들이 어디로 뛰어갑니까?
🔲 보리밭

▸ 소들이 무엇을 먹습니까?
🔲 보리

토끼와 소들이 배추밭과 보리밭을 망쳐 놓았습니다.
돌이가 발을 동동 구릅니다.

▸ 배추밭과 보리밭을 누가 망쳐 놓았습니까?
🔲 토끼와 소

▸ 돌이의 마음은 어떨까요?
🔲 속상하다. 어찌할 바를 모르다. 걱정되다(※ 여러 가지 다른 감정으로 표현해도 좋다).

🗣 두 줄 독해 4 p.75

나는 숙제를 먼저 하고 노는 것이 좋다고 생각해.

▸ 숙제를 먼저 합니까? 노는 것을 먼저 합니까?
🔲 숙제

나는 운동을 열심히 합니다.
아침에 일찍 일어나 체조를 합니다.

▸ 운동은 언제 합니까?
🔲 아침

▸ 아침 일찍 일어나 무엇을 합니까?
🔲 체조

매주 화요일 오후에는 친구들과 함께 축구를 합니다.
나는 운동을 열심히 하는 것이 건강에 좋다고 생각합니다.

▸ 축구는 언제 합니까?
🔲 매주 화요일 오후

▶ 축구는 누구랑 합니까?
📩 친구들

> 수요일 오후에는 음악수업이 있습니다.
> 영진이는 음악실로 갔습니다.

▶ 음악수업이 들어 있는 요일은 언제 입니까?
📩 수요일
▶ 영진이는 음악시간에 어디로 갑니까?
📩 음악실

> 처음으로 고속버스를 탔습니다.
> 차창 밖으로 보이는 시골 풍경이 아름다웠습니다.

▶ 창문 밖으로 무엇이 보이나요?
📩 시골 풍경

● 쪽지 글 읽고 필요한 내용 파악하기 1 p.76

📋 다음의 쪽지를 읽고 오른쪽 질문에 답해 봅시다.

> 수빈에게
>
> 내일 아침 학교에 같이 가자.
> 8시에 싱싱마트 앞에서 만나.
>
> 재윤이가

- 누가 누구에게 쓴 글인가요?
📩 수빈이가 재윤이에게

- 수빈이는 몇 시까지 어느 곳으로 가야 할까요?
📩 아침 8시에 싱싱마트 앞으로

> 성윤아,
>
> 3시까지 학교 운동장으로 와.
> 2반이랑 축구시합을 할 거야.
>
> 형준 씀

- 누가 누구에게 쓴 글인가요?
📩 형준이가 성윤이에게

- 성윤이는 몇 시까지 어느 곳으로 가야 할까요?
📩 3시까지 학교 운동장으로

- 형준이는 학교 운동장에서 무엇을 할 예정이라고 말했나요?
📩 2반이랑 축구시합

● 쪽지 글 읽고 필요한 내용 파악하기 2 p.77

> 지영아,
>
> 오늘 내 생일 잔치를 하려고 해.
> 4시까지 피자마당으로 오면 돼.
>
> 민서가

- 누가 누구에게 쓴 글인가요?
📩 민서가 지영이에게

- 몇 시까지?
📩 오늘 4시까지

- 어디로 가야 하는가?
📩 피자마당

📋 내일은 친구를 만나 분식점에서 떡볶이를 같이 먹자고 할 예정입니다. 친구에게 언제 어느 곳으로 오라고 할지 정해서 쪽지글을 적어 봅시다.

※ 최근에는 쪽지보다 휴대폰을 이용해서 문자나 톡을 주고받기 때문에 문자 내용을 작성해 보아도 효과적이다.

> ○○이에게
>
> 만나분식에서 떡볶이 같이 먹자.
> 4시까지 만나분식으로 오면 돼.
>
> ○○이가

● 안내문 보고 필요한 내용 파악하기 1 p.78

📋 다음의 약봉투를 보고 질문에 답하시오.

- 누구를 위한 약입니까?

  답 김재원

- 약을 처방받아서 가져온 날은 며칠입니까?

  답 2017년 9월 6일

- 하루에 몇 번 먹어야 합니까?

  답 3회

- 약을 며칠 동안 먹어야 합니까?

  답 3일

- 식사를 하고 나서 얼마 뒤에 먹어야 합니까?

  답 식후 30분

안내문 보고 필요한 내용 파악하기 2 _{p.79}

영준이는 전학을 간 친구의 집에 놀러 가려고 지하철을 탔습니다. 영준이의 집은 혜화역 근처이고, 전학을 간 친구의 집은 신사역 근처에 있습니다.

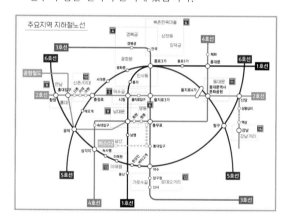

- 영준이의 집 근처 역에 동그라미 표시하고, 혜화역은 몇 호선인지 찾아봅시다.

  답 4호선

- 전학을 간 친구의 집 근처 역에 동그라미 표시하고, 신사역은 몇 호선인지 찾아봅시다.

  답 3호선

- 영준이가 전학을 간 친구의 집에 가려면 어느 역에서 환승을 해야 할까요? 영준이가 지하철을 타고 전학을 간 친구의 집으로 가는 여러 가지 경로에 대해 이야기해 봅시다.

  답 충무로역, 그 밖에 여러 가지 경로에 대해 손가락으로 짚어 가면서 설명해 보도록 합시다.

안내문 보고 필요한 내용 파악하기 3 _{p.80}

다음의 철도 승차권을 살펴보고 질문에 답해 봅시다.

- 출발하는 역은 어디입니까? 몇 시에 출발할 예정입니까?

  답 서울역, 12시 25분(오후 12시 25분)

- 도착하는 역은 어디입니까? 몇 시에 도착할 예정입니까?

  답 구미역, 15시 49분(오후 3시 49분)

- 타야 하는 기차의 종류는 무엇입니까?

  답 무궁화호

- 이 승차권의 좌석 번호는 무엇입니까?

  답 일반석, 1호차 1석

- 서울에서 구미까지 가는 이 기차의 운임은 얼마입니까?

  ※ 운임: '차비'를 뜻하며, 차를 타는 데 드는 비용을 말한다.

  답 17,300원 할인 후에는 17,000원

안내문 보고 필요한 내용 파악하기 4 _{p.81}

다음은 병후네 반의 시간표입니다. 시간표를 살펴보면서 질문에 답해 봅시다.

	월	화	수	목	금
1	과학	사회	사회	과학	미술
2	도덕	국어	수학	체육	미술
3	국어	수학	국어	재량활동 (컴퓨터)	국어
4	영어	체육	국어	수학	수학
5	체육	음악		국어	음악
6				특별활동	

- 병후가 좋아하는 체육 시간이 들어 있는 요일은 언제입니까?

  답 월, 화, 목

- 수업이 가장 일찍 끝나는 요일은 언제입니까?

  답 수

● 수업이 가장 늦게 끝나는 요일은 언제입니까?

📋 목

🧑 속담 이해 1 p.82

📋 다음 속담에 맞는 그림과 적합한 뜻을 골라 봅시다.

※ 속담은 어떤 사건에 대하여 비슷하면서도 재미있는 다른 상황으로 비유하여 말로 표현한 것이다.

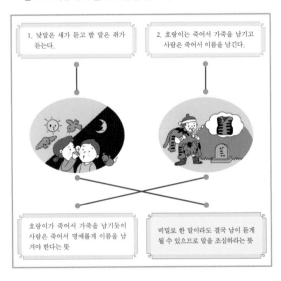

🧑 속담 이해 2 p.83

📋 다음 속담에 맞는 그림과 적합한 뜻을 골라 봅시다.

🧑 속담 이해 3 p.84

📋 다음 속담에 맞는 그림과 적합한 뜻을 골라 봅시다.

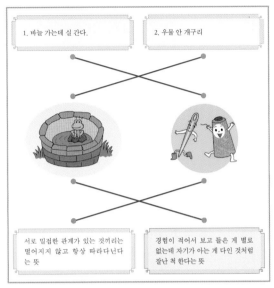

🧑 속담 이해 4 p.85

📋 다음 속담과 맞는 뜻을 찾아 선으로 연결해 봅시다.

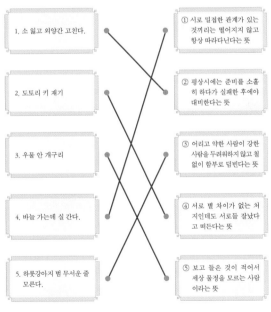

🗣️ 속담 이해 5 p. 86

📋 다음 속담과 맞는 뜻을 찾아 선으로 연결해 봅시다.

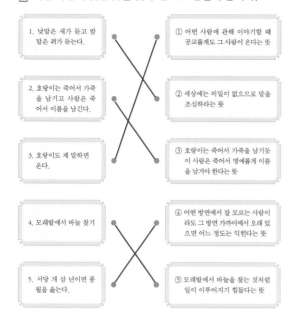

🗣️ 문단, 글 이해 1 p. 87

📋 다음 글을 읽고 원인과 결과를 찾아봅시다.

> 청소시간이었습니다. 내 짝꿍인 진수가 자꾸 대걸레로 내 엉덩이를 때렸습니다. 나는 너무 화가 나서 진수랑 싸웠습니다.

원인 청소시간에 진수가 대걸레로 내 엉덩이를 때렸다.

결과 화가 나서 진수랑 싸웠다.

> 동엽이는 집 앞 공원에서 킥보드를 타다가 마주 오던 소영이랑 부딪혀서 넘어졌습니다. 그래서 동엽이는 무릎이 깨지고 멍이 들었습니다.

원인 동엽이가 킥보드를 타다가 소영이와 부딪쳐서 넘어졌다.

결과 동엽이의 무릎이 깨지고 멍이 들었다.

> 영민이는 학교에 다녀온 후 새로 산 컴퓨터 게임을 하였습니다. 그런데 컴퓨터 게임을 하느라고 숙제를 못해서 선생님께 꾸중을 들었습니다.

원인 영민이는 컴퓨터 게임을 하느라 숙제를 못 했다.

결과 선생님께 꾸중을 들었다.

> 옛날 어느 농부가 밭에 곡식을 심었습니다. 농부는 빨리 자라기를 바랐습니다. 그래서 농부는 어린 싹을 조금씩 잡아당겼습니다. 그러자 곡식은 시들어 죽고 말았습니다.

원인 농부는 곡식이 빨리 자라게 하려고 어린 싹을 잡아당겼다.

결과 곡식은 시들어 죽고 말았다.

🗣️ 문단, 글 이해 2 p. 88

📋 다음 글을 읽고 원인과 결과를 찾아봅시다.

> 윤영이는 급식시간에 수저를 가져오지 않았습니다. 그런데 선생님께서 수저를 빌려 주셔서 급식을 잘 먹었습니다.

원인 윤영이가 수저를 가져오지 않았다.

결과 선생님께서 빌려주셔서 급식을 잘 먹었다.

> 짝이 잘못해서 책상에 우유를 쏟았습니다. 그 바람에 우유가 흘러서 내 바지가 젖었습니다.

원인 짝이 책상에 우유를 쏟았다.

결과 내 바지가 젖었다.

> 어제 저녁을 너무 많이 먹었습니다. 먹자마자 졸려서 잠을 잤더니 밤새도록 배가 아파서 화장실을 들락거렸습니다.

원인 너무 많이 먹고나서 바로 잠을 잤다.

결과 배가 아파서 화장실을 자주 갔다.

> 염소 두 마리가 외나무다리에서 마주쳤습니다. 둘은 뿔을 맞대고 싸우기 시작했습니다. 그러다가 모두 물에 빠지고 말았습니다.

원인 외나무다리에서 만난 염소 두 마리가 서로 싸웠다.

결과 모두 물에 빠졌다.

지문, 글 이해 1 (높임말) p. 89

다음 글을 읽고 높임말의 활용에 대해 알아봅시다.

이모님께

그 동안 안녕하셨어요? 나 은호예요.

이모, 늘 나를 예뻐해 주셔서 고마워요. 어제는 이모께서 제 생일날 사 주신 옷을 입고 학교에 갔어요. 친구들이 옷이 예쁘다고 하였어요. 이모, 정말 고마워요.

이모, 한 가지 말할 게 있어요. 이모께서는 저를 부르실 때 늘 먹보라고 하시잖아요? 그런데 저는 먹보라는 말이 싫어요.

앞으로는 이름을 불러 주셨으면 좋겠어요.

이모, 요즈음 저는 아침 일찍 일어나서 줄넘기를 해요. 이제는 친구랑 배드민턴도 했어요. 이모, 이번 주 토요일에 우리 집에 오시죠? 오면 나랑 배드민턴 해요.

그럼 이모, 몸 건강하세요. 토요일에 볼게요.

20○○년 ○월 ○일
이은호 올림

위의 글에서 줄친 낱말들을 높임말로 바꾸어 써 봅시다.

나	➤ 저
나를	➤ 저를
말할	➤ 말씀드릴
우리 집	➤ 저희 집
오면	➤ 오시면
나랑	➤ 저랑
볼게요	➤ 뵐게요

지문, 글 이해 2 (높임말) p. 90

다음의 낱말들을 높임말로 바꾸어 써 봅시다. 그리고 바꾼 높임말을 이용하여 문장을 만들어 봅시다.

1. 하다 : 하시다
- 선생님께서는 우리가 집에 돌아간 후에도 일을 하신다.

2. 온다 : 오신다
- 어르신께서 우리집에 직접 오셨다.

3. 있다 : 있으시다
- 할아버지께서는 볼일이 있으시다며 집으로 급히 돌아가셨다.

4. 묻다 : 물어보시다
- 선생님께서 내가 아직도 배가 아픈지 물어보셨다.

5. 아프다 : 편찮으시다
- 할머니가 편찮으셔서 병문안을 가야 한다.

6. 밥 : 진지
- 할머니, 진지 드세요.

7. 병 : 병환
- 선생님께서는 병환이 나셔서 오늘 학교에 나오시지 않았다.

8. 주다 : 드리다
- 어르신께 물을 떠다 드렸다.

9. 먹다 : 드시다
- 꼬부랑 할머니가 지나는 길에 바위에 앉아 떡을 드셨다.

10. 자다 : 주무시다
- 할아버지가 주무시고 계셔서 문을 조심히 닫았다.

11. 본다 : 보신다
- 할머니께서 차창 밖의 풍경을 보시고는 벌써 가을이라고 말씀하셨다.

지문, 글 이해 3 p. 91

다음 글을 읽고 물음에 답해 봅시다.

삼년고개 1

넘어지면 삼 년 밖에 살지 못한다는 삼년고개가 있었어요.

어느 날 할아버지가 삼년고개에서 '쿵'하고 넘어지셨어요.

"아이쿠"

"이 일을 어쩌나, 이제 나는 겨우 삼 년 밖에 살 수 없게 되었구나."

삼 년 밖에 살 수 없다는 걱정 때문에 할아버지는 시름시름 앓아누웠어요.

어느 날 이웃에 사는 영리한 꼬마가 문병을 왔어요.

꼬마는 할아버지의 병을 고칠 수 있다고 말했어요.

---

1. 할아버지가 삼년고개를 넘다가 어떻게 되었나요?

답 '쿵'하고 넘어지셨다.

2. 삼년고개에서 넘어지면 어떻게 된다는 소문이 있었나요?

답 삼 년 밖에 살지 못한다는 소문

3. 할아버지는 삼년고개에서 넘어진 후 어떻게 되었나요?

답 앓아누우셨다.

지문, 글 이해 4 p. 92

📋 다음 글을 읽고 물음에 답해 봅시다.

> **삼년고개 2**
>
> "할아버지, 삼년고개에 가서 몇 번 더 넘어지세요."
> "예끼 이놈! 어른을 놀리려 드느냐?"
> 할아버지는 버럭 화를 내며 호통 쳤어요.
> 그러자 꼬마는 빙그레 웃으며 말했어요.
> "한 번 넘어지면 삼 년이고, 두 번 넘어지면 육 년, 세 번이면 구 년을 살잖아요."
> 그제야 할아버지는 입가에 미소를 지으며 말했어요.
> "허허, 듣고 보니 정말 그렇구나."
> 할아버지는 삼년고개로 가서 자꾸자꾸 넘어지며 좋아했어요.

1. 이웃집 꼬마는 할아버지에게 무슨 말을 했나요?

📑 삼년고개에 가서 몇 번 더 넘어지시라고

2. 할아버지는 꼬마의 말을 듣고 기분이 어떠했을까요?

📑 화가 나셨다.

3. 할아버지가 버럭 화를 내었을 때 꼬마의 태도는 어떠하였나요?

📑 빙그레 웃으며 말했다.

4. 꼬마의 말을 듣고 할아버지는 삼년고개에 가서 어떻게 했나요?

📑 삼년고개에 가서 넘어지기를 계속하셨다.

지문, 글 이해 5 p. 93

📋 다음 글을 읽고 물음에 답해 보시오.

> **청개구리의 울음 1**
>
> 옛날에, 엄마 청개구리와 아들 청개구리가 연못가에서 살고 있었어요.
> 아들 청개구리는 지독하게 엄마 말을 안 들었어요.
> 무엇이든 거꾸로 하였어요.
> 동쪽으로 가라면 서쪽으로 갔어요.
> "산에 가면 무서운 뱀이 있으니 연못에서 놀아라."
> "싫어요. 그래도 산에 가서 놀래요."
> 아들 청개구리는 지독하게 엄마 말을 듣지 않았어요.
> 엄마 청개구리는 무엇이든 거꾸로 하는 아들 때문에 속상했어요.

1. 엄마 청개구리와 아들 청개구리가 살고 있던 곳은 어디인가요?

📑 연못가

2. 엄마 청개구리는 왜 산에 못 가게 했나요?

📑 산에 가면 무서운 뱀이 있어서

3. 엄마 청개구리가 산에 가지 말라고 했을 때, 아들 청개구리는 어떻게 하였나요?

📑 산에 가서 놀았다.

4. 엄마 청개구리는 왜 속상해했나요?

📑 아들 청개구리가 무엇이든 거꾸로 했기 때문에

지문, 글 이해 6 p. 94

📋 다음 글을 읽고 물음에 답해 봅시다.

> **청개구리의 울음 2**
>
> 그러나 아들 청개구리는 그 까닭을 알지 못했어요.
> 엄마 청개구리는 결국 큰 병을 얻게 되었어요.
> "내가 죽거든 산에다 묻지 말고 냇가에다 묻어 다오."
> 엄마 청개구리는 거꾸로 말을 듣는 아들 때문에 거꾸로 말했어요.
> 아들 청개구리는 그제야 잘못을 뉘우쳤어요.
> 그래서 엄마의 부탁대로 냇가에다 무덤을 만들었어요.
> 어느 날 비가 왔어요.
> 아들 청개구리는 무덤이 떠내려 갈까 봐 밤새도록 울었어요.
> "개굴개굴, 개굴개굴……"
> 그래서 지금도 비가 오면 청개구리는 개굴개굴하고 울어요.

1. 엄마 청개구리는 왜 큰 병을 얻게 되었나요?

📑 아들 청개구리가 말을 듣지 않아서 속상해하다가

2. 엄마 청개구리는 왜 냇가에다 묻어 달라고 하였을까요?

📑 거꾸로 말을 들어서 냇가가 아니라 산에 묻을 줄 알고

3. 비가 오면 청개구리가 우는 까닭은 무엇일까요?

📑 냇가에 있는 엄마 청개구리의 무덤이 떠내려 갈까 봐.

4. 청개구리의 울음소리를 흉내 내어 보고, 흉내말을 적어 봅시다.

📑 개굴개굴

지문, 글 이해 7 p. 95

📋 다음 글을 읽고 물음에 답해 봅시다.

> 햇볕이 따사로운 어느 봄날이었습니다. 준미는 마당에서 혼자 소꿉놀이를 하고 있었습니다.
> 그때, 전화가 왔습니다.
> "따르릉, 따르릉!"
> "어, 이건 장난감 전화기인데?"
> 준미는 눈을 동그랗게 떴습니다. 장난감 전화기의 줄은 꽃밭에 있는 개나리 가지에 묶여 있었습니다.

1. 이야기가 이루어진 때는 어느 계절입니까?

✓ ① 봄   ② 가을   ③ 여름   ④ 겨울

2. 준미가 소꿉놀이를 하고 있는 곳은 어디입니까?

① 교실   ③ 놀이터   ② 운동장   ✓ 마당

3. 준미는 무슨 놀이를 하고 있었습니까?
① 선생님 놀이 ✔② 소꿉놀이 ③ 인형놀이 ④ 전화놀이

4. '따르릉, 따르릉!'은 무슨 소리입니까?
① 준미가 노래 부르는 소리 ✔② 장난감 전화기가 울리는 소리
③ 자전거가 지나가는 소리 ④ 엄마가 부르는 소리

5. 준미는 왜 눈을 동그랗게 떴을까요?
① 엄마가 들어오라고 불렀기 때문에 ② 벌레가 지나갔기 때문에
③ 바람이 세게 불었기 때문에 ✔④ 장난감 전화기에서 벨소리가 들렸기 때문에

💬 지문, 글 이해 8 p. 96

📋 다음 글을 읽고 물음에 답해 봅시다.

> 곰 할아버지의 생신이 되었습니다. 숲속 마을 동물들은 곰 할아버지의 댁에 모였습니다.
> "곰 할아버지, 생신을 축하합니다."
> 너구리가 고개 숙여 인사했습니다.
> "할아버지, 건강하게 오래 사시길 빕니다."
> 아기 다람쥐는 꼬리를 흔들며 인사했습니다.
> "그래, 고맙다."
> 곰 할아버지께서 아기 다람쥐의 머리를 쓰다듬으시며 말씀하셨습니다.

1. 누구의 생신잔치에 모인 것일까요?
① 너구리 ② 다람쥐 ③ 토끼 ✔④ 곰 할아버지

2. 누가 제일 먼저 축하 인사를 드렸습니까?
① 토끼 ✔② 너구리 ③ 다람쥐 ④ 기린

3. 너구리는 어떻게 인사하였습니까?
✔① 고개를 숙여서 ② 바닥에 엎드려서 ③ 절을 하면서 ④ 악수를 하면서

4. 아기 다람쥐는 어떻게 인사하였습니까?
① 공손하게 ✔② 꼬리를 흔들면서
③ 손을 흔들면서 ④ 꼭 껴안으면서

5. 밑줄 친 '생신'은 어떤 말의 높임말입니까?
① 명절 ② 나이 ✔③ 생일 ④ 잔치

💬 지문, 글 이해 9 p. 97

📋 다음 글을 읽고 물음에 답해 봅시다.

> 제목을 보고, 나는 얼마 전에 읽은 '토끼의 우주여행'이라는 책이 떠올랐습니다. 그 책은 달나라 토끼들의 모험에 대한 이야기였습니다.
> 달나라에 살던 과학자 토끼가 우주로 여행을 떠납니다. 먼저, 지구에 들렀다가 가까운 별나라로 갑니다. 그리고 더 멀리 있는 별을 찾아간다는 이야기입니다.
> 그리고 어제 읽은 만화책도 생각났습니다. 그 만화책의 내용은 별나라에 우주인이 살고 있다는 것입니다.

1. 얼마 전에 읽은 책의 제목은 무엇입니까?
① 토끼의 여행 ② 토끼의 소풍
✔③ 토끼의 우주여행 ④ 토끼의 달나라 여행

---

2. '토끼의 우주여행'이라는 책은 어떤 이야기입니까?
① 토끼들이 사는 별의 이야기 ② 토끼들이 소풍가는 이야기
③ 별나라 토끼들의 모험이야기 ✔④ 달나라 토끼들의 모험이야기

3. 우주여행을 떠난 토끼는 누구입니까?
✔① 과학자 ② 선생님 ③ 탐험가 ④ 사냥꾼

4. 우주여행에서 제일 먼저 어디에 들렀나요?
① 화성 ✔② 지구 ③ 해나라 ④ 가까운 별나라

5. 어제 읽은 책의 내용은 무엇입니까?
① 과학자 토끼가 우주로 여행가는 이야기 ② 토끼가 지구에 들렀던 이야기
③ 달나라에 우주인이 살고 있다는 이야기 ✔④ 별나라에 우주인이 살고 있다는 이야기

💬 지문, 글 이해 10 p. 98

📋 다음 글을 읽고 물음에 답해 봅시다.

> 어름치는 맑은 물에 사는 물고기입니다. 어름치는 4월이나 5월이 되면 자갈을 입으로 물어다 강바닥에 모읍니다. 어름치는 왜 강바닥에 자갈을 모을까요?
> 어름치는 강바닥에 구덩이를 파고 알을 낳습니다. 그리고 알이 떠내려가지 않도록 자갈을 물어다 탑처럼 쌓아 올립니다.
> 어름치는 비가 많이 오는 해에는 자갈을 강의 가장자리에 모읍니다. 그리고 비가 적게 오는 해에는 자갈을 강 한가운데에 모읍니다.

1. 어름치는 어떤 물에 사는 물고기 입니까?
① 흐르는 물 ② 바닷물 ✔③ 맑은 물 ④ 깊은 물

2. 어름치는 언제 강바닥에 자갈을 모을까요?
① 여름에 ✔② 4월이나 5월에 ③ 장마철에 ④ 겨울에

3. 어름치는 강바닥에 구덩이를 파고 무엇을 합니까?
✔① 알을 낳는다. ② 먹이를 모아 놓는다.
③ 친구를 부른다. ④ 청소를 한다.

4. 비가 적게 오는 해에 어름치는 자갈을 어디에 모을까요?
① 강의 가장자리에 ② 강 둑 위에
③ 바윗 틈에 ✔④ 강의 한가운데에

5. 어름치는 왜 강바닥에 자갈을 쌓아 올리나요?
① 멋있는 집을 만들려고 ② 멀리서도 보이게 하려고
✔③ 알이 떠내려가지 않게 하려고 ④ 먹이를 많이 저장하려고

💬 지문, 글 이해 11 p. 99

📋 다음 글을 읽고 물음에 답해 봅시다.

로빈슨 크루소 1

다니엘 디포

"자, 이제 방이 좀 정리되었군. 다음에는 무엇이 필요하지, 로빈슨?"
"글쎄, 의자와 탁자가 있으면 좋겠는걸."
로빈슨은 말상대가 없어 혼자서 말을 주고받는 버릇이 생겼다.
"야단났군. 널빤지와 막대기는 벌써 다 써 버렸단 말이야."
"그럼 숲에서 베어 오면 되지 않아? 몸을 아낄 생각일랑 하지 말아야 해, 로빈슨."
"알았어, 알았어. 자, 그럼 갔다 올게."
로빈슨은 도끼를 들고 숲속으로 갔다. 큰 나무를 베어 깎아서 널빤지와 기둥을 만드는 데에만 한 달이 걸렸다. 그리고 이렇게 저렇게 연구해 가며 의자와 탁자를 만들어 보려고 하였으나, 좀처럼 잘 되지 않았다.
애를 쓴 끝에 겨우 의자 비슷한 것과 탁자 비슷한 것을 만들었다.
그러나 막상 앉아 보니 삐걱거리고 불편하였다. 로빈슨은 몇 번이고 다시 손을 보았다. 그래서 겨우 쓸 만한 한 쌍을 만들었다.
로빈슨은 날마다 한 번씩 개를 데리고 사냥을 하였다. 새나 산토끼, 염소도 가끔 잡아 왔다. 고기는 먹고, 가죽은 벗겨서 말렸다가 옷감으로 썼다. 목수가 하는 일을 비롯해서 사냥이나 바느질까지 혼자 다 하자니 무척 힘들었다. 게다가 불이 없어서 날이 저물면 곧바로 잠자리에 들 수밖에 없었다.

뜻이 비슷한 말을 보기에서 찾아 적어 봅시다. (1~5)

— 〈보기〉 —
수리를 하였다, 해가 지면, 매일, 노력한 결과로, 큰일났군

1. "야단났군. 널빤지와 막대기는 벌써 다 써 버렸단 말이야."
답 큰일났군.

2. 애를 쓴 끝에 겨우 의자 비슷한 것과 탁자 비슷한 것을 만들었다.
답 노력한 결과로

3. 로빈슨은 날마다 한 번씩 개를 데리고 사냥을 하였다.
답 매일

4. 로빈슨은 몇 번이고 다시 손을 보았다.
답 수리를 하였다.

5. 게다가 불이 없어서 날이 저물면 곧바로 잠자리에 들 수밖에 없었다.
답 해가 지면

6. 글 속에 나타난 주인공의 이름은 무엇입니까?
답 로빈슨 크루소

7. 주인공이 지금 처한 환경을 찾아 적어 봅시다.

로빈슨은 (매일) 혼자서 말을 주고받는 버릇이 생겼다.
로빈슨은 날마다 한 번씩 개를 데리고 (산책)을 하였다.
고기는 (먹고), 가죽은 벗겨서 (옷감)으로 썼다.
게다가 (불)이 없어서
날이 저물면 곧바로 잠자리에 들 수밖에 없었다.

8. 로빈슨이 혼자서 말을 주고받는 버릇이 생긴 까닭은 찾아 적어 봅시다.
답 말상대가 없어서

9. 로빈슨이 혼자서 만든 것은 무엇입니까?
답 의자와 탁자

10. 로빈슨이 새로 배우게 된 일에는 어떤 것들이 있습니까?
답 목수일, 사냥, 바느질

11. 내가 만약 무인도에 혼자 있게 된다면 무엇을 먼저 하고 싶습니까?
답 예) 로빈슨 크루소처럼 의자와 식탁도 만들고 먹을거리도 찾으면서 살게 될 거 같다.

지문, 글 이해 12 p. 101

다음 글을 읽고 물음에 답해 봅시다.

로빈슨 크루소 2

다니엘 디포

"밤에도 좀 더 일을 할 수 있었으면. 양초나 기름이 있으면 좋으련만……."
로빈슨은 여러 번 시도한 끝에 작은 등잔 하나를 완성하였다. 먼저, 진흙으로 작은 접시를 빚었다. 기름을 찾아보았지만 구할 수 없었다. 생각 끝에 로빈슨은 염소에서 기름을 얻었다. 그리고 식물의 껍질을 벗겨 말린 뒤 이를 꼬아 심지를 만들어 불을 붙이니 어둠을 밝힐 수 있었다.
어느 날 아침, 로빈슨은 짐을 뒤적이다 작은 주머니 하나를 발견하였다. 주머니 안에는 곡식 낟알이 들어 있었다.
"이 낟알은 썩어서 쓸 수가 없겠어."
로빈슨은 썩은 낟알을 들판에 버렸다. 얼마 뒤, 집을 나와 들판을 거닐던 로빈슨은 작고 푸른 싹을 발견하였다.
"아, 이건 싹이야! 얼마 전에 내가 버렸던 낟알에서 싹이 도닸구나!"
로빈슨은 기쁨을 감출 수가 없었다. 한참 동안 싹을 바라보던 로빈슨은 생각하였다.
"어떻게하면곡식을얻을수있을까?"

밑줄 친 부분과 바꾸어 쓸 수 있는 말을 보기에서 찾아 써 봅시다. (1~5)

— 〈보기〉 —
속에는, 만들었다, 며칠 뒤, 수차례, 궁리한 끝에

1. 로빈슨은 여러 번 시도한 끝에 작은 등잔 하나를 완성하였다.
답 수차례

2. 진흙으로 작은 접시를 빚었다.
답 만들었다

3. 생각 끝에 로빈슨은 염소에서 기름을 얻었다.
답 궁리한 끝에

4. 주머니 안에는 곡식 낟알이 들어 있었다.

🖹 속에는

5. 얼마 뒤, 집을 나와 들판을 거닐던 로빈슨은 작고 푸른 싹을 발견하였다.

🖹 며칠 뒤

6. 밤에도 일을 하기 위해 로빈슨이 만든 것은 무엇입니까?

🖹 등잔

7. 로빈슨은 무엇으로 접시를 만들었습니까?

🖹 진흙

8. 로빈슨이 등잔을 만들기 위해 사용한 것을 모두 찾아 적어 봅시다.

🖹 진흙, 염소기름, 식물의 껍질

9. 주어진 글을 띄어쓰기에 맞게 다음의 칸에 바르게 적어 봅시다.

'어떻게하면곡식을얻을수있을까?'

➡	'	어	떻	게		하	면		곡	식	을
얻	을		수		있	을	까	?	'		

10. 맞춤법이 틀린 부분을 찾아 고쳐 적어 봅시다.

싹이 도닸구나. ➡ (싹이 돋았구나.)

11. 싹을 바라보던 로빈슨은 어떤 생각을 하였을까요?

🖹 기뻤고, 그 싹을 이용해서 곡식을 얻을 생각을 하고 있다.

💬 주장과 근거 알기 1 p. 103

📋 근거와 주장을 바르게 연결해 봅시다. 연결된 근거와 주장을 소리 내서 읽어 봅시다.

> ※ 글쓴이가 글 속에서 자신의 생각이나 의견을 강하게 드러내는 것을 주장이라고 한다. 주장에 대하여 그렇게 '주장하는 이유'를 말해 주는 것을 근거라고 한다. 주장과 근거를 알기 위해서는 글을 읽으면서 글쓴이가 '무엇을 하자, 어떻게 하자'는 의견을 강하게 나타내고 있는 부분을 찾아본다. 이것이 주장이고 그 주장을 하는 이유가 근거이다.

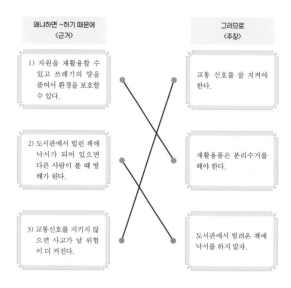

💬 주장과 근거 알기 2 p. 104

📋 다음의 주장에 대한 근거를 적어 봅시다. 근거와 주장을 소리 내서 읽어 봅시다.

1.

주장	공공장소에서 큰소리로 떠들지 말아야 합니다.
근거	왜냐하면 다른 사람들에게 방해가 되기 때문입니다.

2.

주장	약속 시간을 잘 지켜야 한다.
근거	왜냐하면 내가 지켜야 다른 사람도 지킬 수 있고, 다른 사람에게 피해를 주지 않으며, 다른 사람이 나를 믿고 약속을 할 수 있기 때문입니다.

3.

주장	외출에서 돌아온 후에는 손을 깨끗이 씻어야 합니다.
근거	왜냐하면 손에 묻을 수 있는 먼지나 세균 등이 옮는 것을 막아서 감기나 질병을 예방할 수 있기 때문입니다.

💬 공통점과 차이점 1 p. 105

📋 다음 두 대상의 공통점과 차이점에 대해 알아봅시다.

1. 설날과 추석

공통점	● 둘 다 명절이다.	
차이점	● 떡국을 먹는 날이다. 겨울 명절	● 송편을 먹는 날이다. 가을 명절

2. 사자와 기린

공통점	● 둘 다 동물이다.	
차이점	● 육식동물이다.	● 초식동물이다.

3. 산과 바다

공통점	● 둘 다 자연환경이다.	
차이점	● 산은 오를수록 높아진다.	● 바다는 내려갈수록 깊어진다.

4. 자동차와 비행기

공통점	● 둘 다 탈 것이다.	
차이점	● 육지 위를 달린다.	● 하늘 위로 날아다닌다.

● 공통점과 차이점 2 p. 106

📋 다음 두 대상의 공통점과 차이점에 대해 알아봅시다.

1. 어부와 농부

공통점	● 자연에서 먹거리를 얻는 직업이다.	
차이점	● 바다나 강에서 먹거리를 얻는다.	● 곡식을 길러서 먹거리를 얻는다.

2. 신문과 방송

공통점	● 사람들에게 소식을 전하는 역할을 한다.	
차이점	● 펼쳐서 눈으로 볼 수 있다.	● 눈으로 볼 수도 있고 소리로 들을 수도 있다.

3. 소와 돼지

공통점	● 가축이다. 인간에게 고기를 제공하는 동물이다.	
차이점	● 풀을 먹고 산다. 인간에게 우유를 제공한다.	● 잡식성이다.

4. 축구공과 농구공

공통점	● 운동을 할 때 쓰이는 둥근 모양의 공이다.	
차이점	● 주로 발로 차는 공이다. 흰색과 검정색으로 만들어진다.	● 주로 손으로 전달하거나 골대에 넣는다. 색깔이 주황색이다.

● 그림이나 도표를 그려 문제 해결하기 1 p. 107

📋 친구들의 키에 대해 비교하는 설명을 보고, 다음 문제에 답해 봅시다.

> 재원이는 원준이보다 크고, 민철이보다는 작습니다. 그리고 승환이는 원준이보다 작습니다. 네 학생 중에서 가장 작은 사람은 누구일까요?

- 앞에 나온 설명을 참고해서 누구의 키가 더 큰지 부등호(<, >)로 표시해 봅시다.

  재원 (>) 원준

  민철 (>) 재원

  원준 (>) 승환

- 앞의 부등호를 참고해서 다음의 빈칸에 친구들의 이름을 적어 봅시다.

  (민철) > (재원) > (원준) > (승환)

- 누구의 키가 가장 큽니까? 또 누구의 키가 가장 작습니까?

  답 가장 큰 친구 – 민철, 가장 작은 친구 – 승환

● 그림이나 도표 그려 문제 해결하기 2 p. 108

📋 친구들이 집에서 학교까지 걸어가는 거리에 대해 비교하는 설명을 보고, 다음 문제에 답해 봅시다.

> 재원, 원준, 민철, 승환이는 금성초등학교에 다니는 3학년 남학생들입니다. 모두 걸어서 학교에 다닙니다. 재원이는 원준이보다 더 많이 걸어야 학교에 갈 수 있습니다. 민철이는 승환이보다는 많이 걷지만 원준이보다는 적게 걷습니다. 학교에서 제일 먼 곳에 사는 남학생은 누구입니까?

- 앞에 나온 설명을 참고해서 누가 더 많이 걸어야 학교에 도착할 수 있는지 부등호(<, >)로 표시해 봅시다.

  재원 (>) 원준

  민철 (<) 원준

  민철 (>) 승환

- 앞의 부등호를 참고해서 다음의 빈칸에 친구들의 이름을 적어 봅시다.

  (재원) > (원준) > (민철) > (승환)

- 누가 가장 많이 걸어야 학교에 도착할 수 있습니까? 또

학교에서 가장 가까이에 집이 있는 친구는 누구입니까?

답 재원이가 가장 많이 걸어야 학교에 도착합니다. 승환이의 집이 가장 가깝습니다.

🗣 그림이나 도표 그려 문제 해결하기 3 p.109

📋 친구들이 슈퍼마켓에 산 물건의 값을 비교하는 설명을 보고, 다음 문제에 답해 봅시다.

> 가영, 다연, 소현, 윤아는 슈퍼마켓으로 물건을 사러 갔습니다. 소현이는 다연이보다 돈을 조금 썼지만, 윤아보다는 많이 썼습니다. 가영이는 소현이보다는 많이 썼지만, 다연이보다는 적게 썼습니다.
>
> ※ 돈을 많이 쓴 사람부터 차례대로 나열해 봅시다.

- 앞에 나온 설명을 참고해서 누가 돈을 더 많이 썼는지 부등호(<, >)로 표시해 봅시다.

  소현 (<) 다연

  윤아 (<) 소현

  가영 (>) 소현

  가영 (<) 다연

- 앞의 부등호를 참고해서 다음의 빈칸에 친구들의 이름을 적어 봅시다.

  (다연) > (가영) > (소현) > (윤아)

- 누가 돈을 가장 많이 썼습니까? 또 누가 가장 적게 썼습니까?

  답 가장 많이 쓴 사람 – 다연, 가장 적게 쓴 사람 – 윤아

🗣 그림이나 도표 그려 문제 해결하기 4 p.110

📋 친구들이 공 멀리던지기 시합을 했습니다. 얼마나 멀리 던졌는지 비교하는 설명을 보고, 다음 문제에 답해 봅시다.

> 수진, 경주, 철민, 대호는 공 멀리던지기 시합을 했습니다.
> 수진이는 철민이보다 멀리 던지지 못했습니다.
> 경주는 수진이보다 멀리 던지지 못했지만, 대호보다는 멀리 던졌습니다. 누가 공을 제일 멀리 던졌을까요?

- 앞에 나온 설명을 참고해서 누가 공을 더 멀리 던졌는지 부등호(<, >)로 표시해 봅시다.

  수진 (<) 철민

경주 (<) 수진

경주 (>) 대호

- 앞의 부등호를 참고해서 다음의 빈칸에 친구들의 이름을 적어 봅시다.

  (철민) > (수진) > (경주) > (대호)

- 누가 가장 멀리 공을 던졌습니까? 또 누구의 공이 가장 가깝게 떨어졌습니까?

  답 가장 멀리 던진 사람 – 철민, 가장 가깝게 던진 사람 – 대호

🗣 그림이나 도표 그려 문제 해결하기 5 p.111

📋 친구들이 운동장에 한 줄로 나란히 서 있다. 다음의 설명을 보고, 수직선에 각 친구들의 위치를 나타내 봅시다.

> 지수의 왼쪽으로 6칸 떨어져 있는 곳에 은우가 있다.
> 은우의 오른쪽으로 3칸 떨어진 곳에 수진이가 있다.
> 영환이는 지수로부터 오른쪽으로 2칸, 수진이에게서는 5칸 떨어져 있다.

- 지수의 왼쪽으로 6칸 떨어져 있는 눈금 위에 동그라미를 하고, 눈금 밑에 은우라고 적어 봅시다.

- 은우의 오른쪽으로 3칸 떨어져 있는 눈금 위에 동그라미를 하고, 눈금 밑에 수진이라고 적어 봅시다.

- 지수의 오른쪽으로 2칸 떨어져 있는 눈금 위에 동그라미를 하고, 눈금 밑에 영환이라고 적어 봅시다.

- 영환이의 자리에서 왼쪽으로 5칸을 가면 수진이의 자리가 있습니까? 답 예

- 왼편부터 차례대로 은우, 지수, 수진, 영환이의 이름들을 적어 봅시다.

  (은우) – (수진) – (지수) – (영환)

🗣 그림이나 도표 그려 문제 해결하기 6 p.112

📋 다음 표를 이용하여 문제를 해결해 봅시다. 주어진 조건에 맞는지 각 칸에 ○, ×표를 하면서 답을 찾아봅시다.

1. 준석이, 영주, 소라는 우주비행사, 디자이너, 건축가입

니다. 이들의 직업은 각각 무엇일까요?

- 소라는 우주비행사도 아니고 디자이너도 아니다.
- 영주는 우주비행사가 아니다.

	준석	영주	소라
우주비행사	○	×	×
디자이너	×	○	×
건축가	×	×	○

2. 선생님이 현호, 보미, 보영이에게 선물을 사 주셨습니다. 누구에게 어떤 선물을 주셨는지 알아봅시다.

- 현호에게 주신 선물은 살아 있다.
- 보영이는 아직 어리기 때문에 시계를 볼 줄 모른다.

	금붕어	운동화	시계
현호	○	×	×
보미	×	×	○
보영	×	○	×

🧠 그림이나 도표 그려 문제 해결하기 7 p.113

📋 다음 표를 이용하여 문제를 해결해 봅시다. 주어진 조건에 맞는지 각 칸에 ○, × 또는 숫자를 적으면서 답을 찾아봅시다.

1. 광민, 연주, 희경이는 의사, 요리사 그리고 화가입니다.

- 희경이는 그림 그리는 것을 싫어한다.
- 광민이는 요리사도 아니고 화가도 아니다.

	의사	요리사	화가
광민	○	×	×
연주	×	×	○
희경	×	○	×

2. 병수, 종우, 명호가 가지고 있는 학용품은 모두 합쳐서 9개의 연필과 6개의 지우개이다.

- 병수는 3개의 지우개를 갖고 있고, 종우는 3개의 연필을 갖고 있다.
- 병수가 가진 학용품은 모두 4개이고, 종우는 병수보다 1개 더 갖고 있다.
- 명호는 병수의 연필 수와 같은 지우개를 갖고 있다.
- 병수, 종우, 명호는 각각 몇 개의 연필과 지우개를 갖고 있는가?

	병수	종우	명호
연필	3	3	3
지우개	1	2	3

● 수의 규칙 이해 1 p.115

📋 다음 각 줄에 있는 숫자를 보고, 규칙을 생각해 내서 빈 칸에 알맞은 숫자를 적어 봅시다.

1.

2	3	4	5	6	7	8	9

2.

9	10	11	12	13	14	15	16

3.

15	16	17	18	19	20	21	22

4.

25	26	27	28	29	30	31	32

5.

45	46	47	48	49	50	51	52

6.

61	62	63	64	65	66	67	68

7.

86	87	88	89	90	91	92	93

8.

48	49	50	51	52	53	54	55

9.

10	20	30	40	50	60	60	70

● 수의 규칙 이해 2 p.116

📋 다음 각 줄에 있는 숫자를 보고, 규칙을 생각해 내서 빈 칸에 알맞은 숫자를 적어 봅시다.

1.

20	30	40	50	60	70	80	90

2.

11	21	31	41	51	61	71	81

3.

15	25	35	45	55	65	75	85

4.

13	23	33	43	53	63	73	83

5.

20	30	40	50	60	70	80	90

6.

35	45	55	65	75	85	95	105

7.

28	38	48	58	68	78	88	98

8.

39	49	59	69	79	89	99	109

9.

11	21	31	41	51	61	71	81

● 수의 규칙 이해 3 p.117

📋 다음 각 줄에 있는 숫자를 보고, 규칙을 생각해 내서 빈 칸에 알맞은 숫자를 적어 봅시다.

1.

2	4	6	8	10	12	14	16

2.

3	6	9	12	15	18	21	24

3.

5	10	15	20	25	30	35	40

4.

4	8	12	16	20	24	28	32

5.

6	12	18	24	30	36	42	48

6.

7	14	21	28	35	42	49	56

7.

8	16	24	32	40	48	56	64

8.

9	18	27	36	45	54	63	72

9.

20	30	40	50	60	70	80	90

● 수의 규칙 이해 4 p.118

📋 다음 각 줄에 있는 숫자를 보고, 규칙을 생각해 내서 빈 칸에 알맞은 숫자를 적어 봅시다.

1.

11	21	31	41	51	61	71	81

2.

10	11	12	13	14	15	16	17

3.	15	25	35	45	55	65	75	85

4.	26	36	46	56	66	76	86	96

5.	48	49	50	51	52	53	54	55

6.	10	11	12	13	14	15	16	17

7.	59	60	61	62	63	64	65	66

8.	23	33	43	53	63	73	83	93

9.	1	11	21	31	41	51	61	71

● 수의 규칙 이해 5 p. 119

다음 각 줄에 있는 숫자를 보고, 규칙을 생각해 내서 빈칸에 알맞은 숫자를 적어 봅시다.

1.	12	13	14	15	16	17	18	19

2.	2	4	6	8	10	12	14	16

3.	15	20	25	30	35	40	45	50

4.	7	14	21	28	35	42	49	56

5.	45	46	47	48	49	50	51	52

6.	3	6	9	12	15	18	21	24

7.	86	87	88	89	90	91	92	93

8.	18	27	36	45	54	63	72	81

9.	30	40	50	60	70	80	90	100

● 5의 보수 익히기 1 p. 120

※ 보수: 어떤 수에 대해 부족한 부분을 보충하는 수.
예) 5진법에서 2의 보수는 3, 4의 보수는 1이다. 7진법에서 7의 보수는 0, 2의 보수는 5다. 10진법에서 7의 보수는 3, 5의 보수는 5다.

두 수를 더해서 5가 되려면 다음의 빈칸에 어떤 수가 들어갈지 적어 봅시다.

2 + 3 = 5	3 + 2 = 5
1 + 4 = 5	1 + 4 = 5
3 + 2 = 5	5 + 0 = 5
2 + 3 = 5	0 + 5 = 5
5 + 0 = 5	4 + 1 = 5
0 + 5 = 5	2 + 3 = 5
1 + 4 = 5	3 + 2 = 5
4 + 1 = 5	1 + 4 = 5
3 + 2 = 5	3 + 2 = 5
5 + 0 = 5	0 + 5 = 5

● 5의 보수 익히기 2 p. 121

두 수를 더해서 5가 되려면 다음의 빈칸에 어떤 수가 들어갈지 적어 봅시다.

3 + 2 = 5	1 + 4 = 5
4 + 1 = 5	3 + 2 = 5
1 + 4 = 5	5 + 0 = 5
5 + 0 = 5	4 + 1 = 5
2 + 3 = 5	2 + 3 = 5
3 + 2 = 5	3 + 2 = 5
4 + 1 = 5	1 + 4 = 5
0 + 5 = 5	0 + 5 = 5
5 + 0 = 5	5 + 0 = 5
2 + 3 = 5	3 + 2 = 5

🧑 7의 보수 익히기 1 p. 122

📋 두 수를 더해서 7이 되려면 다음의 빈칸에 어떤 수가 들어갈지 적어 봅시다.

$$2 + \boxed{5} = 7 \qquad 6 + \boxed{1} = 7$$
$$1 + \boxed{6} = 7 \qquad 1 + \boxed{6} = 7$$
$$3 + \boxed{4} = 7 \qquad 5 + \boxed{2} = 7$$
$$2 + \boxed{5} = 7 \qquad 0 + \boxed{7} = 7$$
$$7 + \boxed{0} = 7 \qquad 4 + \boxed{3} = 7$$
$$6 + \boxed{1} = 7 \qquad 2 + \boxed{5} = 7$$
$$3 + \boxed{4} = 7 \qquad 3 + \boxed{4} = 7$$
$$4 + \boxed{3} = 7 \qquad 0 + \boxed{7} = 7$$
$$5 + \boxed{2} = 7 \qquad 6 + \boxed{1} = 7$$
$$0 + \boxed{7} = 7 \qquad 4 + \boxed{3} = 7$$

🧑 7의 보수 익히기 2 p. 123

📋 두 수를 더해서 7이 되려면 다음의 빈칸에 어떤 수가 들어갈지 적어 봅시다.

$$\boxed{5} + 2 = 7 \qquad \boxed{3} + 4 = 7$$
$$\boxed{6} + 1 = 7 \qquad \boxed{1} + 6 = 7$$
$$\boxed{3} + 4 = 7 \qquad \boxed{7} + 0 = 7$$
$$\boxed{7} + 0 = 7 \qquad \boxed{6} + 1 = 7$$
$$\boxed{4} + 3 = 7 \qquad \boxed{0} + 7 = 7$$
$$\boxed{2} + 5 = 7 \qquad \boxed{5} + 2 = 7$$
$$\boxed{1} + 6 = 7 \qquad \boxed{3} + 4 = 7$$
$$\boxed{2} + 5 = 7 \qquad \boxed{2} + 5 = 7$$
$$\boxed{0} + 7 = 7 \qquad \boxed{7} + 0 = 7$$
$$\boxed{4} + 3 = 7 \qquad \boxed{5} + 2 = 7$$

🧑 10의 보수 익히기 1 p. 124

※ 더해서 10이 되는 수에 대해 익숙해지면 이후의 연산이나 돈 계산, 시간 계산 등을 학습하는 데 도움이 된다.

📋 10이 되려면 다음의 빈칸에 어떤 수가 들어갈지 적어 봅시다.

$$8 + \boxed{2} = 10 \qquad 7 + \boxed{3} = 10$$
$$5 + \boxed{5} = 10 \qquad 1 + \boxed{9} = 10$$
$$3 + \boxed{7} = 10 \qquad 9 + \boxed{1} = 10$$
$$1 + \boxed{9} = 10 \qquad 0 + \boxed{10} = 10$$
$$4 + \boxed{6} = 10 \qquad 4 + \boxed{6} = 10$$
$$6 + \boxed{4} = 10 \qquad 5 + \boxed{5} = 10$$
$$7 + \boxed{3} = 10 \qquad 3 + \boxed{7} = 10$$
$$2 + \boxed{8} = 10 \qquad 8 + \boxed{2} = 10$$
$$9 + \boxed{1} = 10 \qquad 6 + \boxed{4} = 10$$
$$3 + \boxed{7} = 10 \qquad 7 + \boxed{3} = 10$$

🧑 10의 보수 익히기 2 p. 125

📋 10이 되려면 다음의 빈칸에 어떤 수가 들어갈지 적어 봅시다.

$$\boxed{5} + 5 = 10 \qquad \boxed{1} + 9 = 10$$
$$\boxed{3} + 7 = 10 \qquad \boxed{8} + 2 = 10$$
$$\boxed{8} + 2 = 10 \qquad \boxed{4} + 6 = 10$$
$$\boxed{2} + 8 = 10 \qquad \boxed{1} + 9 = 10$$
$$\boxed{4} + 6 = 10 \qquad \boxed{9} + 1 = 10$$
$$\boxed{6} + 4 = 10 \qquad \boxed{5} + 5 = 10$$
$$\boxed{3} + 7 = 10 \qquad \boxed{2} + 8 = 10$$
$$\boxed{2} + 8 = 10 \qquad \boxed{10} + 0 = 10$$
$$\boxed{1} + 9 = 10 \qquad \boxed{6} + 4 = 10$$
$$\boxed{4} + 6 = 10 \qquad \boxed{3} + 7 = 10$$

10을 모으기 p. 126

📋 10이 되려면 다음의 빈칸에 어떤 수를 넣어서 모아야 할지 적어 봅시다.

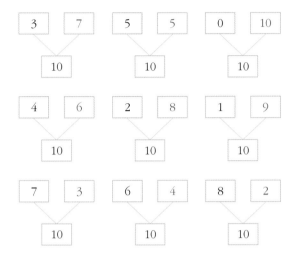

10을 가르기 p. 127

📋 10이 가르면 어떤 수들로 가를 수 있는지 빈칸에 숫자를 적어 봅시다.

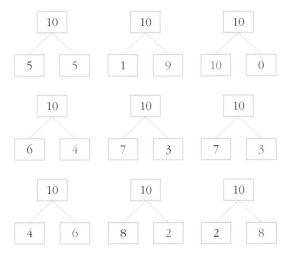

10의 보수 활용하기 p. 128

📋 10에서 어떤 수를 빼면 주어진 답이 나올지 빈칸에 수를 적어 봅시다.

$10 - \boxed{2} = 8$	$10 - \boxed{3} = 7$
$10 - \boxed{5} = 5$	$10 - \boxed{9} = 1$
$10 - \boxed{7} = 3$	$10 - \boxed{1} = 9$
$10 - \boxed{1} = 9$	$10 - \boxed{10} = 0$
$10 - \boxed{4} = 6$	$10 - \boxed{6} = 4$
$10 - \boxed{6} = 4$	$10 - \boxed{5} = 5$
$10 - \boxed{3} = 7$	$10 - \boxed{7} = 3$
$10 - \boxed{8} = 2$	$10 - \boxed{2} = 8$
$10 - \boxed{9} = 1$	$10 - \boxed{4} = 6$
$10 - \boxed{7} = 3$	$10 - \boxed{3} = 7$

암산 연습하기 1 p. 129

📋 손가락을 이용하지 말고 머릿속으로 생각해서 다음의 연산 문제를 해결해 봅시다(더해서 10이 되는 수에 ○표를 하고 나머지 덧셈을 할 수 있도록 연습한다).

$3 + 7 + 2 = 12$	$7 + 3 + 7 = 17$
$5 + 5 + 7 = 17$	$1 + 8 + 2 = 11$
$3 + 7 + 3 = 13$	$9 + 1 + 9 = 19$
$1 + 9 + 4 = 14$	$0 + 5 + 5 = 10$
$4 + 6 + 2 = 12$	$4 + 7 + 3 = 14$
$6 + 4 + 3 = 13$	$5 + 5 + 5 = 15$
$7 + 3 + 5 = 15$	$3 + 4 + 6 = 13$
$2 + 8 + 1 = 11$	$8 + 9 + 1 = 18$
$9 + 1 + 4 = 14$	$6 + 2 + 8 = 16$
$3 + 7 + 2 = 12$	$1 + 7 + 3 = 11$

🗨 암산 연습하기 2 p. 130

📋 손가락을 이용하지 말고 머릿속으로 생각해서 다음의 연산 문제를 해결해 봅시다(더해서 10이 되는 수에 ○표를 하고 나머지 뺄셈을 할 수 있도록 연습한다).

$3 + 7 - 2 = 8$ $7 + 3 - 7 = 3$

$5 + 5 - 7 = 3$ $2 + 8 - 2 = 8$

$3 + 7 - 3 = 7$ $9 + 1 - 9 = 1$

$1 + 9 - 4 = 6$ $5 + 5 - 0 = 10$

$4 + 6 - 2 = 8$ $3 + 7 - 4 = 6$

$6 + 4 - 3 = 7$ $5 + 5 - 5 = 5$

$7 + 3 - 5 = 5$ $6 + 4 - 3 = 7$

$2 + 8 - 1 = 9$ $1 + 9 - 8 = 2$

$9 + 1 - 4 = 6$ $8 + 2 - 3 = 7$

$3 + 7 - 2 = 8$ $3 + 7 - 1 = 9$

🗨 연산 연습하기-좌표점 찾기 2 p. 133

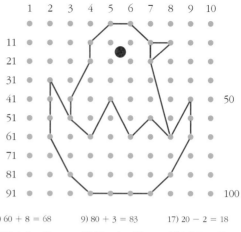

1) $60 + 8 = 68$ 9) $80 + 3 = 83$ 17) $20 - 2 = 18$
2) $50 + 7 = 57$ 10) $95 - 1 = 94$ 18) $9 + 8 = 17$
3) $60 + 6 = 66$ 11) $90 + 7 = 97$ 19) $10 - 4 = 6$
4) $40 + 5 = 45$ 12) $80 + 8 = 88$ 20) $10 - 5 = 5$
5) $65 - 1 = 64$ 13) $70 - 1 = 69$ 21) $8 + 6 = 14$
6) $50 + 3 = 53$ 14) $50 - 1 = 49$ 22) $19 + 5 = 24$
7) $33 - 1 = 32$ 15) $60 + 8 = 68$ 23) $40 + 3 = 43$
8) $63 - 1 = 62$ 16) $28 - 1 = 27$ 24) $50 + 3 = 53$

🗨 암산 연습하기 3 p. 131

📋 손가락을 이용하지 말고 머릿속으로 생각해서 다음의 연산 문제를 해결해 봅시다.

$7 - 3 + 5 = 9$ $8 - 3 - 1 = 4$

$6 - 5 + 8 = 9$ $2 + 5 - 3 = 4$

$8 - 2 - 3 = 3$ $9 - 2 + 9 = 16$

$2 + 5 - 4 = 3$ $7 - 5 + 3 = 5$

$5 + 6 - 2 = 9$ $6 - 5 + 4 = 5$

$8 - 3 - 3 = 2$ $2 + 7 - 5 = 4$

$4 + 3 - 2 = 5$ $4 + 3 - 6 = 1$

$3 + 7 - 1 = 9$ $7 - 2 + 8 = 13$

$9 - 4 - 3 = 2$ $8 + 4 - 3 = 9$

$7 + 2 - 3 = 6$ $3 + 5 - 1 = 7$

🗨 연산 연습하기-좌표점 찾기 3 p. 134

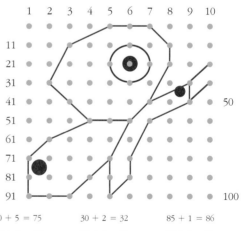

$70 + 5 = 75$ $30 + 2 = 32$ $85 + 1 = 86$
$50 + 6 = 56$ $50 + 4 = 54$ $70 + 6 = 76$
$45 + 2 = 47$ $63 - 1 = 62$ $55 + 2 = 57$
$20 + 8 = 28$ $70 + 1 = 71$ $50 - 1 = 49$
$19 - 1 = 18$ $90 + 1 = 91$ $40 - 1 = 39$
$9 - 2 = 7$ $94 - 1 = 93$ $45 + 2 = 47$
$9 - 4 = 5$ $70 + 5 = 75$
$9 + 4 = 13$ $90 + 5 = 95$

연산 연습하기-좌표점 찾기 4 p.135

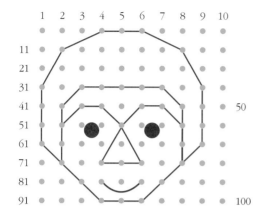

55 − 3 = 52	60 − 2 = 58	32 + 7 = 39
30 + 13 = 43	50 − 2 = 48	15 + 3 = 18
45 − 1 = 44	30 + 7 = 37	16 − 10 = 6
40 + 15 = 55	35 − 2 = 33	12 − 8 = 4
75 − 1 = 74	30 + 12 = 42	25 − 13 = 12
60 + 16 = 76	70 + 2 = 72	28 + 3 = 31
40 + 15 = 55	90 + 4 = 94	40 + 21 = 61
30 + 16 = 46	95 + 1 = 96	50 + 22 = 72
40 + 7 = 47	70 − 1 = 69	

연산 연습하기-좌표점 찾기 6 p.137

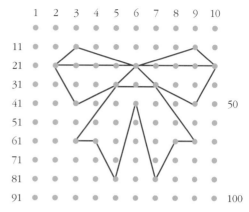

10 + 12 = 22	5 + 80 = 85	50 − 7 = 43
27 + 3 = 30	70 − 6 = 64	45 − 23 = 22
40 + 9 = 49	50 + 13 = 63	30 − 17 = 13
20 + 17 = 37	5 + 30 = 35	16 + 10 = 26
9 + 60 = 69	26 + 10 = 36	20 − 1 = 19
70 − 2 = 68	40 − 3 = 37	16 + 14 = 30
47 + 40 = 87	30 − 4 = 26	
30 + 16 = 46	15 + 20 = 35	

연산 연습하기-좌표점 찾기 5 p.136

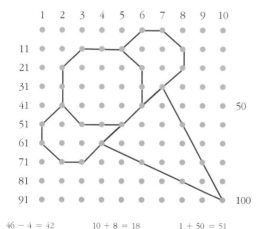

46 − 4 = 42	10 + 8 = 18	1 + 50 = 51
30 + 23 = 53	30 − 2 = 28	45 − 3 = 42
35 + 20 = 55	30 + 7 = 37	30 − 8 = 22
20 + 26 = 46	70 + 30 = 100	20 − 7 = 13
20 + 6 = 26	24 + 40 = 64	20 − 5 = 15
10 + 5 = 15	50 + 23 = 73	
16 − 10 = 6	83 − 11 = 72	
10 − 3 = 7	60 + 1 = 61	

연산 연습하기-좌표점 찾기 7 p.138

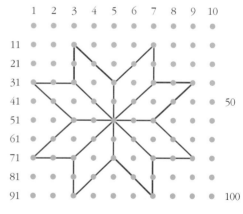

6 × 9 − 1 = 53	8 × 7 + 1 = 57	8 × 7 − 3 = 53
5 × 6 + 1 = 31	9 × 9 − 2 = 79	8 × 9 − 1 = 71
5 × 6 + 3 = 33	9 × 3 + 50 = 77	9 × 8 + 1 = 73
5 × 10 + 5 = 55	9 × 5 + 10 = 55	
5 × 7 + 0 = 35	9 × 8 + 3 = 75	
3 × 5 + 2 = 17	9 × 7 + 30 = 93	
4 × 9 + 1 = 37	8 × 9 + 1 = 73	
7 × 8 − 1 = 55	9 × 6 + 1 = 55	

● 연산 연습하기-좌표점 찾기 8 p.139

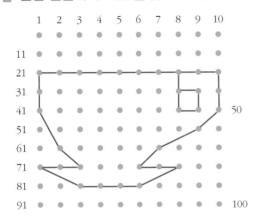

| | 1 | 2 | 3 | 4 | 5 | 6 | 7 | 8 | 9 | 10 |

$4 \times 9 + 2 = 38$ $9 \times 7 + 4 = 67$ $(8 \times 6) - 7 = 41$

$(10 + 3) \times 3 = 39$ $9 \times 8 + 4 = 76$ $(9 \times 2) + 3 = 21$

$7 \times 7 = 49$ $6 \times 3 + 60 = 78$ $7 \times 4 = 28$

$6 \times 8 = 48$ $8 \times 7 + 30 = 86$

$4 \times 7 = 28$ $9 \times 9 + 2 = 83$

$6 \times 5 = 30$ $9 \times 8 - 1 = 71$

$9 \times 6 - 4 = 50$ $8 \times 8 + 9 = 73$

$7 \times 8 + 3 = 59$ $9 \times 7 - 1 = 62$

● 돈 계산 1 p.140

📋 다음의 동전을 모두 합치면 얼마인지 말해 봅시다.

1. = 560 원

2. = 670 원

3. = 820 원

4. = 1,070 원

5. = 810 원

6. = 1,000 원

● 돈 계산 2 p.141

📋 다음의 동전을 모두 합치면 얼마인지 말해 봅시다.

1. = 1,060 원

2. = 720 원

3. = 1,630 원

4. = 1,070 원

5. = 1,160 원

6. = 2,200 원

● 돈 계산 3 p.142

📋 다음의 동전을 모두 합치면 얼마인지 말해 봅시다.

1. = 1,110 원

2. = 770 원

3. = 1,230 원

4. = 680 원

5. = 1,170 원

6. = 1,310 원

💬 돈 계산 4 p.143

📋 다음의 지폐를 모두 합치면 얼마인지 말해 봅시다.

1.   =   60,000 원

2.   =   35,000 원

3.   =   70,000 원

💬 돈 계산 5 p.144

6.   =   100,000 원

7.   =   75,000 원

8.   =   75,000 원

9.   =   21,000 원

💬 돈 계산 6 p.145

📋 화폐(돈)를 모두 합치면 얼마인지 말해 봅시다.

1.   =   1,200 원

2.   =   16,700 원

3.   =   7,200 원

4.   =   20,610 원

💬 돈 계산 7 p.146

📋 화폐(돈)를 모두 합치면 얼마인지 말해 봅시다.

1.   =   2,500 원

2.   =   12,000 원

3.   =   12,050 원

4.   =   7,610 원

💬 돈 계산 8 p. 147

📋 화폐(돈)를 모두 합치면 얼마인지 말해 봅시다.

2. = 12,000 원

3. = 12,050 원

4. = 11,610 원

💬 돈 계산의 실제 1 p. 150

📋 희성이는 영준이와 떡볶이집에 갔습니다. 떡볶이 1인분, 튀김 1인분, 어묵 1인분을 주문해서 함께 맛있게 먹었습니다. 다 먹고 나서 이제 음식값을 지불하고 집으로 돌아가려 합니다. 다음의 메뉴판을 보고 영준이와 희성이가 지불해야 할 음식값이 모두 얼마인지 알아봅시다.

맛있다 떡볶이 메뉴판			
떡볶이(1인분)	2,000원	튀김(1인분)	3,000원
순대(1인분)	2,500원	김밥(1인분)	2,500원
군만두(1인분)	3,000원	라면(1인분)	2,500원
어묵(1인분)	2,000원	주먹밥(1인분)	1,500원

1. 영준이와 희성이가 주문한 음식의 종류는 무엇이며, 각각의 가격은 얼마입니까?

   답 떡볶이-2,000원, 튀김-3,000원, 어묵-2,000원

2. 주문한 음식의 값을 모두 더하면 얼마입니까?

   식 2000 + 3000 + 2000 = 7,000원

   답 7,000원

3. 영준이와 희성이가 똑같이 나누어 음식값을 지불하려고 합니다. 얼마씩 내면 될까요?

식 7000 ÷ 2 = 3,500원

답 3,500원씩

💬 돈 계산의 실제 2 p. 151

📋 재원이는 '맛있다 떡볶이'에서 친구 네 명에게 떡볶이를 사 주기로 했습니다. 떡볶이 2인분, 순대 2인분, 라면 2인분을 주문해서 함께 맛있게 먹었습니다. 다 먹고 나서 이제 음식값을 지불하고 집으로 돌아가려 합니다. 재원이의 지갑에는 만 원짜리 두 장이 들어있습니다. 재원이는 음식값으로 얼마를 내고 거스름돈은 얼마를 받아야 할까요?

맛있다 떡볶이 메뉴판			
떡볶이(1인분)	2,000원	튀김(1인분)	3,000원
순대(1인분)	2,500원	김밥(1인분)	2,500원
군만두(1인분)	3,000원	라면(1인분)	2,500원
어묵(1인분)	2,000원	주먹밥(1인분)	1,500원

1. 주문한 음식의 종류와 각 음식의 값은 얼마입니까?

   떡볶이 2인분: 2000 + 2000 = 4,000원

   순대 2인분: 2500 + 2500 = 5,000원

   라면 2인분: 2500 + 2500 = 5,000원

2. 주문한 음식의 값을 모두 더하면 얼마입니까?

   식 4000 + 5000 + 5000 = 14,000원

   답 14,000원

3. 재원이는 지갑에 있던 20,000원을 꺼내서 주인에게 냈습니다. 거스름돈을 얼마를 받아야 하나요?

   식 20000 - 14000 = 6000

   답 6,000원

💬 돈 계산의 실제 3 p. 152

📋 '맛있다 떡볶이'의 메뉴판을 보고, 다음과 같이 주문했을 때 음식값이 모두 얼마인지 계산해 봅시다.

맛있다 떡볶이 메뉴판			
떡볶이(1인분)	2,000원	튀김(1인분)	3,000원
순대(1인분)	2,500원	김밥(1인분)	2,500원
군만두(1인분)	3,000원	라면(1인분)	2,500원
어묵(1인분)	2,000원	주먹밥(1인분)	1,500원

1. '떡볶이 3인분, 주먹밥 3인분, 군만두 1인분'을 주문했을 때의 음식값은 모두 얼마입니까?

   🔢 $(2000 \times 3) + (1500 \times 3) + 3000 = 13500$

   🅰 13,500원

2. '순대 3인분, 김밥 2인분, 어묵 1인분, 라면 1인분'을 주문했을 때의 음식값은 모두 얼마입니까?

   🔢 $(2500 \times 3) + (2500 \times 2) + 2000 + 2500 = 7500 + 5000 + 2000 + 2500 = 17000$

   🅰 17,000원

3. '떡볶이 2인분, 김밥 4인분, 주먹밥 4인분, 튀김 3인분'을 주문했을 때의 음식값은 모두 얼마입니까?

   🔢 $(2000 \times 2) + (2500 \times 4) + (1500 \times 4) + (3000 \times 3) = 4000 + 10000 + 6000 + 9000 = 29000$

   🅰 29,000원

🧠 시간 계산의 실제 1 p. 153

📋 지윤이는 토요일에 텔레비전을 보았습니다. 오후 4시부터 보기 시작하여 오후 5시 40분까지 보았습니다. 지윤이가 텔레비전을 본 시간은 몇 시간 몇 분일까요?

1. 텔레비전을 보기 시작한 시각은 [오후 4시] 입니다.

2. 텔레비전 보기를 끝낸 시각은 [오후 5시 40분] 입니다.

3. 텔레비전을 본 시간은 [1시간 40분] 입니다.

📋 유정이는 저녁에 운동을 하러 놀이터에 나갔습니다. 오후 6시 30분부터 시작하여 45분 동안 줄넘기를 하고 20분 동안 달리기를 연습했습니다. 유정이가 운동을 한 시간은 모두 몇 시간 몇 분일까요?

1. 줄넘기를 한 시간과 달리기 연습을 한 시간은 모두 몇 시간 몇 분입니까?

   🔢 $45분 + 20분 = 65분$

   65분은 1시간 5분

   🅰 1시간 5분

2. 유정이가 운동을 모두 끝낸 시간은 몇 시 몇 분입니까?

   🔢 오후 6시 30분 $+$ 1시간 5분 $=$ 7시 35분

🅰 오후 7시 35분

🧠 시간 계산의 실제 2 p. 154

📋 친구들과 함께 놀이공원에 가기로 했습니다. 희망동에 있는 놀이공원 정문 앞에서 오전 11시에 만나기로 했습니다. 인터넷에서 검색을 해 보니 우리 집 근처에서 버스를 타면 30분가량 걸린다고 합니다. 버스를 타는 시간과 기다리는 시간을 약 1시간 정도라고 예상했을 때 집에서 출발해야 하는 시간은 대략 몇 시일까요?

🅰 오전 10시 이전

📋 놀이공원에서 롤러코스터를 타려고 대기줄에 섰습니다. '여기서부터 50분'이라는 푯말이 붙어 있는 곳에 섰습니다. 지금은 오후 1시 20분입니다. 롤러코스터를 타기 위해 기다리는 50분이 지난 때는 몇 시 몇 분일까요?

🔢 1시 20분 $+$ 50분 $=$ 1시 70분 $=$ 2시 10분

🅰 2시 10분

📋 놀이공원이 문을 닫는 시간은 오후 6시입니다. 지금은 오후 4시 25분입니다. 문을 닫을 때까지 놀이공원에서 놀 수 있는 시간은 몇 시간 몇 분입니까?

🔢 6시 $-$ 4시 25분 $=$ 1시간 35분

🅰 1시간 35분

📋 오전 11시 10분에 놀이공원에 들어가서 놀이공원이 문을 닫는 시간인 오후 6시에 나왔습니다. 놀이공원에서 머문 시간은 모두 몇 시간 몇 분일까요?

🔢 오전 50분 $+$ 오후 6시간 $=$ 6시간 50분

🅰 6시간 50분

🗣 시간 계산의 실제 3 p. 155

📋 달력을 보고, 다음 물음에 답해 봅시다.

2020년 10월

일	월	화	수	목	금	토
				1	2	3
4	5	6	7	8	9	10
11	12	13		15	16	17
18	19	20	21	22	23	24
25	26	27	28	29	30	31

1. 이 달력은 몇 년도 몇 월의 달력일까요?

   답 2020년 10월

2. 2020년 10월 18일은 무슨 요일입니까?

   답 일요일

3. 오늘은 2020년 10월 8일입니다. 5일 후는 몇 월 며칠입니까?

   답 10월 13일

4. □ 안에 들어갈 숫자는 무엇인가요?

   답 14

5. 일요일은 4 일, 11 일, 18 일, 25 일입니다.

6. 2020년 11월 1일은 무슨 요일일까요?

   답 일요일

🗣 시간 계산의 실제 4 p. 156

📋 다음은 일부가 찢겨진 달력입니다. 다음 물음에 답해 봅시다.

2020년 6월

일	월	화	수	목	금	토
	1	2	3	4	5	6
7	8	9	10	11	12	13
14	15	16	17	18	19	20

1. 이 달력은 몇 년도 몇 월의 달력일까요?

   답 2020년 6월

2. 2020년 6월 18일은 무슨 요일입니까?

   답 목요일

3. 오늘은 2020년 6월 20일입니다. 7일 후는 몇 월 며칠입니까?

   답 2020년 6월 27일

4. 6월 6일은 무슨 날인가요?

   답 현충일

5. 토요일은 6 일, 13 일, 20 일, 27 일입니다.

6. 2020년 6월 28일은 무슨 요일일까요?

   답 일요일

🗣 집합 개념의 이해 1 p. 157

📋 다음 그림을 보고 물음에 답해 봅시다.

1. 세모 안에 들어 있는 나뭇잎의 개수는 모두 몇 장입니까?

   (3장)

2. 동그라미 안에 들어 있는 나뭇잎의 개수는 모두 몇 장입니까?

   (5장)

3. 네모 안에 들어 있는 나뭇잎의 개수는 모두 몇 장입니까?

   (5장)

4. 세모에도, 네모에도 들어 있는 나뭇잎의 개수는 모두 몇 장입니까?

   (1장)

5. 동그라미에도, 네모에도 들어 있는 나뭇잎의 개수는 모두 몇 장입니까?

   (2장)

6. 나뭇잎은 모두 몇 장입니까?

(10장   )

🔵 집합 개념의 이해 2   p. 158

📋 다음 그림을 보고 물음에 답해 봅시다.

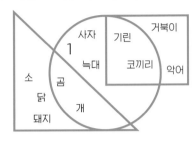

1. 세모 안에 들어 있는 동물들의 이름을 모두 적어 봅시다.

(소, 닭, 돼지, 곰, 개   )

2. 동그라미 안에 들어 있는 동물들의 이름을 모두 적어 봅시다.

(사자, 늑대, 곰, 개, 기린, 코끼리   )

3. 네모 안에 들어 있는 동물들의 이름을 모두 적어 봅시다.

(기린, 코끼리, 거북이, 악어   )

4. 세모에도, 동그라미에도 들어 있는 동물을 모두 적어 봅시다.

(곰, 개   )

5. 네모에도, 동그라미에도 들어 있는 동물을 모두 적어 봅시다.

(기린, 코끼리   )

6. 동물의 이름은 모두 몇 개 입니까?

(11개   )

🔵 집합 개념의 이해 3   p. 159

📋 다음 그림을 보고 물음에 답해 봅시다.

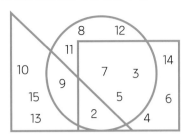

1. 세모 안에 들어 있는 숫자를 모두 적어 봅시다.

(2, 9, 10, 13, 15   )

2. 동그라미 안에 들어 있는 숫자를 모두 적어 봅시다.

(2, 3, 5, 7, 8, 9, 11, 12   )

3. 네모 안에 들어 있는 숫자를 모두 적어 봅시다.

(2, 3, 4, 5, 6, 7, 14   )

4. 세모에도, 동그라미에도 들어 있는 숫자를 모두 적어 봅시다.

(2, 9   )

5. 네모에도, 동그라미에도 들어 있는 숫자를 모두 적어 봅시다.

(2, 3, 5, 7   )

6. 세모에도, 네모에도 들어 있는 숫자를 모두 적어 봅시다.

(2   )

7. 동그라미에도, 세모에도, 네모에도 들어 있는 숫자는 무엇입니까?

(2   )

8. 숫자는 모두 몇 개입니까?

(14개   )

저자 소개

박현숙(Park Hyun-suk)
성균관대학교 대학원 아동심리 및 교육 전공 석 · 박사 졸업
서울시 경계선지능아동지원 사회성과보상사업 슈퍼바이저
서울 탑마음클리닉 인지학습치료사
한양여자대학교 아동복지과 강사
현 경계선지능연구소 느리게크는아이 연구소장
　　아동심리상담센터 I(아이) 센터장
　　보건복지부 경계선지능아동지원사업 교육강사 및 슈퍼바이저
　　아동권리보장원 아동자립심의위원

〈저역서 및 연구보고서〉
『경계선 지적 지능 아동의 양육을 위한 가이드북』(공저, 2014, 한국
　　보건복지인력개발원)
『느린 학습자의 심리와 교육』(역, 2013, 학지사)
「경계선 지능 아동 조기선별도구 개발연구 보고서」(공동, 2020, 보
　　건복지부 아동권리보장원)
「경계선 지능 아동 자립지원체계연구: 사업효과성 보고서」(공동,
　　2017, 한국보건복지인력개발원 아동자립지원단)
「경계선 지능 아동지원사업: 참여아동 실태조사」(공동, 2017, 한국
　　보건복지인력개발원 아동자립지원단)
「서울시 그룹홈 경계선지능 아동 · 청소년 사회성과 연계채권 도입
　　학술연구」(2014, 서울시 그룹홈협의회)

경계선 지능 아동 · 청소년을 위한

느린 학습자 인지훈련 프로그램 ❸

언어적 사고력 · 수학적 사고력

Slow Learner's Cognitive Training Program

2021년 1월 20일 1판 1쇄 발행
2024년 5월 20일 1판 8쇄 발행

지은이 • 박 현 숙
펴낸이 • 김 진 환
펴낸곳 • ㈜ 학지사

04031 서울특별시 마포구 양화로 15길 20 마인드월드빌딩 5층

대표전화 • 02) 330-5114   팩스 • 02) 324-2345

등록번호 • 제313-2006-000265호

홈페이지 • http://www.hakjisa.co.kr
인스타그램 • https://www.instagram.com/hakjisabook

ISBN 978-89-997-2241-7   94370
ISBN 978-89-997-2238-7   94370(set)

정가 16,000원

저자와의 협약으로 인지는 생략합니다.
파본은 구입처에서 교환하여 드립니다.

이 책을 무단으로 전재하거나 복제할 경우 저작권법에 따라 처벌을 받게 됩니다.

출판미디어기업 학지사

간호보건의학출판 **학지사메디컬** www.hakjisamd.co.kr
심리검사연구소 **인싸이트** www.inpsyt.co.kr
학술논문서비스 **뉴논문** www.newnonmun.com
원격교육연수원 **카운피아** www.counpia.com
대학교재전자책플랫폼 **캠퍼스북** www.campusbook.co.kr